Learning English with Changi

창이와 함께 영어회화 배우기

저자 / 박선화
감수 / 크리스토퍼 B. 레이거
Christopher B. Rager

도서출판 맑은창

Learning English with Changi

창이와 함께 영어회화 배우기

이 책을 펴내면서

세계가 지구촌화하면서 영어가 세계 공용어가 되고, 우리 나라에서도 영어가 제2의 언어가 되었다. 또한 우리가 매일 가까이 하는 TV, 신문, 매스 미디어 등에서 영어가 많이 쓰이고 있습니다.

우리는 중·고등학교에서 6년 동안 영어를 배웠음에도 불구하고 길에서 외국인이 말을 걸어 오면 선뜻 영어로 대답을 못하는 경우가 흔합니다.

그러나 이젠 용기를 내어 간단한 회화를 시도해 봅시다. 영어는 이제 더 이상 특수한 사람들만 잘하는 외국어가 아닙니다. O.K., thank you만 말할 수 있으면 여러분도 얼마든지 영어 회화를 할 수 있는 능력을 갖추었다고 할 수 있습니다. 틀리면 어쩌나 하는 마음으로 쑥쓰러워하거나 당황하지 않는다면 간단한 영어 회화 정도는 잘할 수 있을 것입니다.

영어는 우리말이 아니기 때문에 익숙하지 않는 것이 당연합니다. 그렇기 때문에 반복해서 공부할 수밖에 없습니다. 영어 회화를 유창하게 하는 사람들에게 그 비결을 물어보면 이구동성으로 반복 연습밖에 없다고 말합니다.

이 책은 우리가 일상생활에서 자주 쓰이는 기초적인 생활 영어를 중심으로 짜여져 있고, 우리말로 표기가 되어 있기 때문에 이 책 한 권이면 한글을 아는 사람은 영어 사전이 없어도 남녀 노소 누구나, 어느 곳에서건 영어 회화 공부를 할 수 있으리라 믿습니다.

박선화

창이와 함께 영어 회화 배우기
Learning English with Changi

차 례

머리말 / 11

Unit 1 인 사(Greetings) / 19
    (1) 인사 ·································· 21
    (2) 안부 ·································· 23
    (3) 날씨 ·································· 27

Unit 2 소 개(Introductions) / 31
    (1) 자기 소개 ····························· 33
    (2) 상대방 소개 ·························· 35
    (3) 가족 소개 ····························· 38

Unit 3 신 상(Personal History) / 41
    (1) 나이 ·································· 43
    (2) 생일 ·································· 46
    (3) 출신지 ······························· 46
    (4) 출신 학교 ···························· 48
    (5) 가족 ·································· 50
    (6) 직업 ·································· 53
    (7) 취미 ·································· 56
    (8) 기호 ·································· 58

Unit 4 약 속(Appointments) / 59
    (1) 사업상의 약속 ························ 61

(2) 영화 약속 ·· 63
(3) 식사 초대 ·· 64
(4) 데이트 약속 ·· 67
(5) 카풀 약속 ·· 68

Unit 5 전 화(The Telephone) / 71

(1) 전화 걸기 ·· 73
(2) 통화 ··· 75
(3) 메모 남기기 ·· 76
(4) 통화중 ··· 77
(5) 통화 교환 ·· 78
(6) 구내 전화 ·· 79
(7) 공중 전화 ·· 80
(8) 잘못된 통화 ·· 80
(9) 국제 전화 ·· 81
(10) 유용한 표현들 ··· 82

Unit 6 길 안내(Directions) / 83

(1) 길 묻기 ·· 85
(2) 장소 찾기-주유소 ·· 86
(3) 장소 찾기-화장실 ·· 86
(4) 장소 찾기-호텔 ·· 87
(5) 장소 찾기-관공서 ·· 87
(6) 장소 찾기-상점 ·· 88
(7) 버스 타기 ·· 89
(8) 기차 타기 ·· 89
(9) 택시 타기 ·· 90
(10) 비행기 타기 ··· 91

Unit 7 교 통(Transportation) / 93

- (1) 시동 걸기 ·········· 95
- (2) 주차 하기 ·········· 96
- (3) 교통 법규 위반 ·········· 97
- (4) 자동차 사고 ·········· 97
- (5) 새차 구입 ·········· 98
- (6) 기차에서 ·········· 99
- (7) 버스에서 ·········· 100
- (8) 교통 요금 ·········· 101
- (9) 전철에서 ·········· 102
- (10) 택시에서 ·········· 103
- (11) 교통 수단 ·········· 104

Unit 8 주유소(At the Gas Station) / 105

- (1) 주유소 찾기 ·········· 107
- (2) 기름 넣기 ·········· 108
- (3) 타이어 교환 ·········· 108
- (4) 차 고장 ·········· 109
- (5) 차 점검 ·········· 110

Unit 9 쇼 핑(Shopping) / 113

- (1) 쇼핑 가기 ·········· 115
- (2) 가게에서 ·········· 116
- (3) 색깔 고르기 ·········· 117
- (4) 치수 고르기 ·········· 118
- (5) 물건 사기 ·········· 118
- (6) 요금 지불 ·········· 119

(7) 물건 교환 ··· 120
　　　(8) 환불하기 ··· 121

Unit 10 식 당(In the Restaurant) / 123
　　　(1) 예약 ··· 125
　　　(2) 예약 확인 ·· 126
　　　(3) 자리 찾기 ·· 127
　　　(4) 주문하기 ··· 128
　　　(5) 식사하기 ··· 129
　　　(6) 계산하기 ··· 130
　　　(7) 포장 요구 ·· 131
　　　(8) 패스트 푸드점에서 ···································· 132
　　　(9) Take Out ··· 133

Unit 11 술 집(In the Bar) / 135
　　　(1) 맥주 주문하기 ·· 137
　　　(2) 칵테일 주문하기 ······································· 137
　　　(3) 위스키 주문하기 ······································· 138
　　　(4) 동석하기 ··· 139
　　　(5) 술 권하기 ·· 140
　　　(6) 음악 신청하기 ·· 140

Unit 12 병 원(In the Hospital) / 143
　　　(1) 감기 ··· 145
　　　(2) 편도선염 ··· 146
　　　(3) 몸살 ··· 146
　　　(4) 숙취 ··· 148
　　　(5) 골절 ··· 149

(6) 의사 진찰 ·· 151
　　　(7) 입원 ·· 154
　　　(8) 약국 ·· 155
　　　(9) 식이요법 ·· 157

Unit 13 은 행(At the Bank) / 161

　　　(1) 은행 찾기 ·· 163
　　　(2) 계좌 오픈 ·· 163
　　　(3) 입금 ·· 164
　　　(4) 출금 ·· 165
　　　(5) 송금 ·· 166
　　　(6) 환전 ·· 167
　　　(7) 수표 교환 ·· 168
　　　(8) 잔돈 교환 ·· 169
　　　(9) 대출 ·· 170

Unit 14 여 행(Traveling) / 173

　　　(1) 휴가 계획 세우기 ···································· 175
　　　(2) 호텔 예약하기 ·· 175
　　　(3) Check-in ·· 177
　　　(4) Page 요청하기 ·· 178
　　　(5) 룸서비스 요청하기 ································ 178
　　　(6) 프런트 데스크 문의하기 ······················ 179
　　　(7) 관광하기 ·· 180
　　　(8) 하우스키핑 요청하기 ···························· 181
　　　(9) 모닝콜 요청하기 ···································· 182
　　　(10) Check-out ·· 183
　　　(11) 여행 마치고 ·· 184

Unit 15 해외 여행(Overseas Traveling) / 185

(1) 해외 여행 준비하기 ··· 187
(2) 비행기표 예약하기 ··· 188
(3) 비행기표 재확인하기 ·· 189
(4) 탑승 수속하기 ·· 190
(5) 입국 심사 받기 ··· 191
(6) 세관 심사 받기 ··· 191
(7) 탑승하기 ··· 192
(8) 출발하기 전 기내 안내 방송 ······································ 193
(9) 출발 지연 기내 안내 방송 ··· 194
(10) 비행기 경유 안내 ··· 194
(11) 비행기 갈아타기 ·· 195
(12) 기내에서 ··· 195
(13) 목적지 도착 안내 방송 ·· 197
(14) 뉴욕 관광 – 자유 여신상 ··· 197
(15) 분실물 신고하기 ·· 197
(16) 도난 증명서 작성하기 ··· 199
(17) 분실물 재발행하기 ··· 200
(18) 귀국 절차 받기 ·· 201

Unit 16 날짜, 요일, 시간(Asking the Date, the Day, and the Time) / 203

(1) 날짜 묻기 ·· 205
(2) 요일 묻기 ·· 206
(3) 시간 묻기 ·· 207
(4) 시계 고장 ·· 208
(5) 개막, 개봉시간 묻기 ··· 209
(6) 영업시간 묻기 ·· 210

(7) 기간 묻기 ·· 211

Unit 17 여 가(Leisure Time) / 213
　　(1) TV 보기 ·· 215
　　(2) 음악 감상 ·· 217
　　(3) 스포츠 ·· 218
　　(4) PC게임 ··· 219
　　(5) 영화관 ·· 220
　　(6) 노래방 ·· 221
　　(7) 외출 ··· 222

Unit 18 대 화(Conversations) / 223
　　(1) 제안 ··· 225
　　(2) 권유 ··· 226
　　(3) 제의 ··· 227
　　(4) 허락 ··· 229
　　(5) 요청 ··· 229
　　(6) 의견-1 ··· 230
　　(7) 의견-2 ··· 232
　　(8) 감사 ··· 233
　　(9) 사죄 ··· 234

Unit 19 가능한 다른 표현들(Other Useful Expressions) / 237

창이와 함께 영어 회화 배우기

Unit 1

인 사
Greetings

(1) 인사
(2) 안부
(3) 날씨

인사
Greetings

(1) 인사

☺ Hello!
　헬로우!

☺ Hi! How are you?
　하이, 하우 아 유?

☺ I'm fine, thanks and you?
　아임, 파인, 땡쓰 앤 ― 쥬?

☺ Pretty good.
　프뤼티 굿.

☺ 안녕하세요!
☺ 안녕하세요! 어떠세요?
☺ 좋아요, 당신은요?
☺ 예, 저도 매우 좋아요.

Note

● 자주 만나는 사람들에게 건네는 인사말

Hi! / Hello! / How are you?
하이! / 헬로우! / 하우 아 유?

How are you doing? / How's it going?
하우 아 유 두잉? / 하우즈 잇 고잉?

☺ Good morning.
굿   모닝.

☺ Hi. How's it going?
하이. 하우즈 잇 고잉?

☺ Pretty good, thank you, and you?
프뤼티   굿,   땡—큐   앤—쥬?

☺ Not bad, but I have a cold.
낫 배드, 벗 아이 해브 어 코울드.

☺ That's too bad. You'd better see a doctor as soon as possible.
댓츠 투 배드. 유드 베터 씨이 어 닥터 애즈 쑤운 애즈 파써블.

☺ I guess so.
아이 게쓰 쏘우.

☺ 안녕하세요.
☺ 안녕하세요. 어떻게 지내세요?
☺ 매우 좋아요, 당신은요?
☺ 나쁘진 않지만, 감기에 걸렸어요.
☺ 유감이군요. 지금 당장 진찰받아 보는 게 좋겠어요.
☺ 저도 그럴까 해요.

Note

● 때에 맞춰 하는 인사말

Good morning. (아침 인사) / Good afternoon. (오후 인사)
굿   모닝.   굿   에프터누운.

Good evening. (저녁 인사)
굿   이브닝.

Good night. (잠자기 전 인사 - 안녕히 주무세요.)
굿   나이트.

- 그에 대한 대답

    Fine, thank you. / Pretty good. / Very well. / Not bad.
    파인, 땡 — 큐. 프리티 굿. 붸뤼 웰. 낫 배드.

    Not too bad. / Not so bad.
    낫 투 배드. / 낫 쏘우 배드.

    Sensational! (기분이 썩 좋다는 표현입니다.)
    쎈쎄이셔널!

- 헤어질 때 하는 인사말

    Bye, take care / See you / Have a nice day.
    바이, 테일 케어 / 씨이 유 / 해브 어 나이스 데이.

    See you later. / See you next time.
    씨이 유 레이터. / 씨이 유 넥스트 타임.

    Let's keep in touch. (연락 자주 취합시다.)
    렛츠 킵 인 터치.

    Let's get together soon. (곧 또 만납시다.)
    렛츠 겟 투게더 쑤운.

(2) 안부

☺ I haven't seen you for a long time.
아이 해븐트 씨인 유 포 어 롱 타임.

☺ I'm so happy to see you again. How have you been?
아임 쏘우 해피 투 씨이 유 어겐. 하우 해브 유 빈?

☺ I've been very busy lately.
아이브 빈 붸뤼 비지 레이틀리.

☺ Doing what?
두잉 왓?

☺ I'm learning to use the computer.
아임 러닝 투 유즈 더 컴퓨터.

☺ 오랜만입니다.
☺ 다시 뵙게 되어서 너무 기뻐요. 어떻게 지내셨어요?
☺ 요즘 좀 바빴어요.
☺ 왜요?
☺ 컴퓨터를 배우고 있거든요.

☺ How's your family?
　하우즈　유어　패밀리?

☺ They're fine, thanks. How's your mother?
　데이어　파인,　땡쓰.　하우즈　유어　마더?

☺ She's getting better, thank you.
　쉬즈　게팅　베터,　땡 — 큐.

☺ I hope she'll recover soon.
　아이 호프　쉴　뤼커버　쑤운.

☺ 가족들은 잘 지내니?
☺ 모두 잘 있어, 고마워. 너의 어머님은 좀 어떠시니?
☺ 어머니는 좋아지고 계셔, 고맙다.
☺ 어머님이 빨리 회복되셨으면 좋겠다.

☺ Hi!
　하이!

☺ Hi! How's it going?
　하이!　하우즈　잇　고잉?

☺ Fine. Thanks. By the way, how's your mother?
　파인.　땡쓰.　바이　더　웨이,　하우즈　유어　마더?

☺ She is getting better.
　쉬 이즈　게팅　베터.

☺ Give my regards to your mother.
　　기브　마이　뤼가즈　투　유어　마더.

☺ I will. Bye.
　　아이 윌.　바이.

☺ See you again.
　　씨이　유　어겐.

☺ 안녕!
☺ 안녕, 어떠세요!
☺ 좋아요, 고마워요. 그런데, 어머니는 어떠세요?
☺ 점점 좋아지고 있어요.
☺ 어머니께 내 안부 전해 드리세요.
☺ 그럴게요. 잘가요.
☺ 또 만나요.

☺ I heard that your father passed away.
　　아이 허드　댓　유어　파더　패스트　어웨이.

☺ I regret that I didn't treat him better.
　　아이 뤼그레트 댓 아이 디든트　트리트　힘　베터.

☺ That's too bad. Please give my condolences to your mother.
　　댓츠　투　배드.　플리즈　기브　마이　컨도울런시즈　투　유어　마더.

☺ Thanks. Well, I am worried about her.
　　땡쓰.　　웰, 아이 앰　워리드　어바웃　허.

☺ 아버지께서 돌아가셨다고 들었어요.
☺ 아버지께 잘못한 것이 후회됩니다.
☺ 안됐군요. 어머니께 위로를 전해주세요.
☺ 고맙습니다. 어쨌든 어머니가 걱정됩니다.

☺ He got a job promotion.
　　히 갓 어 잡　프로모션.

☺ Great!
　　그뤠이트!

☺ He deserved it.
　　히　디저브드 잇.

☺ Yes, he did. (That's right.)
　　예스, 히 디드.　댓츠　롸이트.

☺ He worked very hard for it.
　　히　웤-트　붸뤼　하드 포 잇.

☺ Give my congratulations to him.
　　기브 마이　컨그래춰레이션스　투 힘.

☺ 그가 승진했다고 해요.
☺ 잘됐군요!
☺ 그는 받을 만한 자격이 되지요.
☺ 맞아요.
☺ 참 열심히 일했어요.
☺ 그에게 축하한다고 전해주세요.

☺ I just received a pay(salary) raise.
　　아이 저스트 뤼씨브드 어 페이 (쌜러리) 뤠이즈.

☺ Really? Congratulations!
　　뤼얼리?　컨그래춰레이션스!

☺ Thank you.
　　땡 — 큐.

☺ 이번에 봉급이 올랐어요.
☺ 정말이요? 축하해요.
☺ 감사합니다.

> **Note**
>
> - 흔히 '오랜만입니다' 라는 표현
>
>   Long time no see.
>   롱   타임 노 씨이.
>
>   I haven't seen you for *a long time*. (*ages.*) (*years.*)
>   아이 해븐트 씨인 유 포 어 롱 타임. (에이쥐즈.) (이어즈.)
>
> - 오랜만의 만남에 대해 기쁨을 표현할 때
>
>   I'm so happy to see you again.
>   아임 쏘우 해피 투 씨이 유 어겐.
>
>   It's wonderful to see you again.
>   잇츠   원더풀   투 씨이 유   어겐.
>
> - 누군가의 안부를 물을 때나 하는 일의 잘 돼가는지 여부를 묻고자 할 때
>
>   How is *your family*? (*your girlfriend*?) (*your school life*?)
>   하우 이즈 유어 패밀리? (유어 걸프랜드?) (유어 스쿨 라이프?)
>
> - 별일 없었나요?라는 표현
>
>   What's up? / What's new?
>   왓츠   업? /   왓츠   뉴?
>
>   Anything *new*? (*special*?) (*particular*?)
>   에니씽   뉴?   (스페셜?)   (파티큘러?)
>
> - 그에 대한 대답
>
>   Nothing *particular.* (*new.*) (*special.*)
>   낫씽   파티큘러.   (뉴.)   (스페셜.)
>
>   Same as always. (항상 마찬가지야.)
>   쎄임 애즈 올웨이즈.

(3) 날씨

☺ How's the weather today?
  하우즈 더   웨더   투데이?

☺ It's a nice day. It's much better than yesterday.
  잇츠 어 나이스 데이. 잇츠 머취   베터   댄 예스터 데이.

☺ What's the weather forecast for tomorrow?
　　왓츠　더　웨더　포어케스트　포　투머로우?

☺ They say it will be cloudy.
　　데이 쎄이 잇 윌 비 클라우디.

> ☺ 오늘 날씨 어때요?
> ☺ 좋은데요. 어제보다는 훨씬 좋은데요.
> ☺ 일기예보에서 내일 날씨는 어떻데요?
> ☺ 흐릴 거라고 하던데요.

☺ It's hot today! What's the temperature?
　　잇츠 핫 투데이!　왓츠 더 템퍼러춰?

☺ It's 29°C. It looks like rain, doesn't it?
　　잇츠 트웬티 나인 디그리즈 쎌셔스. 잇 룩스 라이크 뤠인, 더즌트 잇?

☺ The radio says a storm is coming tomorrow.
　　더 뤠디오우 쎄즈 어 스톰 이즈 커밍 투머로우.

☺ Oh! Really?
　　오!　뤼얼리?

> ☺ 와, 오늘 너무 덥다. 온도가 몇 도야?
> ☺ 29도야. 비가 올 것 같아, 그렇지 않니?
> ☺ 라디오에서 내일 폭풍이 온다는군.
> ☺ 오! 정말?

> **Note**
>
> ● 오늘 날씨 어때요?라는 표현
>
>   How's the weather?
>   하우즈   더   웨더?
>
>   What's the weather like today?
>   왓츠   더   웨더   라이크 투데이?
>
> ● 그에 대한 대답
>
>   It's sunny. / It's hot. / It's cold. / Windy.
>   잇츠 써니. / 잇츠 핫. / 잇츠 코올드. / 윈디.
>
>   Cloudy. / Rainy. / Snowy.
>   클라우디. / 뤠이니. / 스노위.

☺ Which season do you like best?
   위치   씨즌   두   유 라이크 베스트?

☺ Autumn. How about you?
   어텀.   하우 어바웃 유?

☺ I like summer best.
   아이 라이크 썸머   베스트.

☺ Why? It's too humid and hot.
   와이? 잇츠 투   휴미드 앤드 핫.

☺ That's true, but I enjoy swimming.
   댓츠   트루, 벗 아이 인조이   스위밍.

☺ 넌 어느 계절을 가장 좋아하니?
☺ 가을이야. 넌 어때?
☺ 난 여름이 제일 좋아.
☺ 왜? 여름은 습하고 덥잖아.
☺ 하지만 수영을 맘껏 할 수 있잖아.

> **Note**
> - 봄 spring   ● 여름 summer   ● 가을 autumn(fall)   ● 겨울 winter
>   스프링   썸머   어텀 (폴)   윈터

☺ Why are you wet?
  와이 아 유 웻?

☺ I got caught in the rain on the way home.
  아이 갓 코-트 인 더 뤠인 온 더 웨이 홈.

☺ You had better change your clothes. Take Care.
  유 해드 베터 체인쥐 유어 클로우즈. 테이크 케어.

☺ 왜 젖었어?
☺ 집에 오는 도중에 소나기를 만났어.
☺ 옷 갈아입어야겠다. 조심해.

> **Note**
> - 소나기 shower / 폭풍 storm / 집중호우 downpour / 번개 lightning
>   샤워   스톰   다운포어   라이트닝
> - 번개를 수반한 폭우 thunderstorm / 이슬비 drizzle / 미풍 breeze
>   썬더스톰   드뤼즐   브뤼즈
> - 강수량 rainfall / 홍수 flood
>   뤠인폴   플러드
> - 비가 많이 오다 raining cats and dogs / 날씨가 개다 clear up
>   뤠이닝 캣츠 앤드 독스   클리어 업
> - 진눈깨비 sleet / 폭설 snowstorm / 눈보라 blizzard / 우박 hail
>   슬릿   스노우스톰   블리저드   헤일
> - 안개 mist · fog / 눈사태 avalanche / 지진 earthquake
>   미스트 · 포그   애벌랜취   어쓰퀘이크

창이와 함께 영어 회화 배우기

창이와 함께 영어 회화 배우기

Unit 2

소 개
Introductions

(1) 자기 소개
(2) 상대방 소개
(3) 가족 소개

 ## 소개
Introductions

(1) 자기 소개

☺ Hi! My name is Chang-ho. What's your name?
하이! 마이 네임 이즈 창-호. 왓츠 유어 네임?

☺ My name is Hun-hee. Are you busy today?
마이 네임 이즈 훈-희. 아 유 비지 투데이?

☺ No, how about you?
노우, 하우 어바웃 유?

☺ Me, neither. Would you like to go dancing?
미, 니더 우 — 쥴 라잌 투 고우 댄싱?

☺ O.K.
오우케이.

☺ 안녕, 내 이름은 창호야. 네 이름은 뭐니?
☺ 내 이름은 훈희야. 오늘 바쁘니?
☺ 아니, 넌?
☺ 나도 바쁘지 않아. 춤추러 가는 게 어때?
☺ 좋아.

> **Note**
>
> ● 처음 자기 소개를 할 때 상대방이 같은 나이 또래라면 'Let me introduce myself' 보다는 'My name is' 로 하는 것이 더 자연스럽다. 전자의 표현은 공식적인 자리에서 소개할 때 격식을 갖춰서 쓰는 표현이라고 생각하면 된다.
>
> ● 제 소개를 하겠습니다.
> Let me introduce myself. / My name is Chang-ho, Yim.
> 렛 미 인트로듀스 마이쎌프. / 마이 네임 이즈 창-호, 임.

☺ Let me introduce myself. My name is Chang-ho Yim.
　 렛 미 인트로듀스 마이쎌프. 마이 네임 이즈 창-호, 임.
　 I'm from Korea.
　 아임 프롬 코리아.

☺ Where do you work?
　 웨어 두 유 워크?

☺ I work in M hospital. I'm a doctor.
　 아이 워크 인 엠 하스피틀. 아임 어 닥터.

> ☺ 제 소개를 하죠. 내 이름은 임창호입니다. 한국에서 왔습니다.
> ☺ 직업은 무엇인가요?
> ☺ 난 M병원에서 일하고 있습니다. 직업은 의사입니다.

> **Note**
>
> ● 첫 대면인 경우 상대방이 나이가 많다면 "이름(first name)으로 불러 주세요." 라고 말할 때까지는 Mr. Mrs. Miss를 붙여 주는 것이 좋다.

(2) 상대방 소개

☺ Chang-ho, this is my mom. Mom, this is Chang-ho,
  창-호,   디스 이즈 마이 맘.   맘, 디스 이즈 창-호,
  my classmate.
  마이 클래스매이트.

● How do you do?
  하우 두 유 두?

☺ How do you do? I'm Linda Brown.
  하우 두 유 두? 아임 린다 브라운.

● Nice to meet you, Mrs. Brown.
  나이쓰 투 밋 — 츄, 미씨즈 브라운.

☺ I'm glad you could come. Follow me please?
  아임 글래드 유 쿠드 컴. 팔로우 미 플리즈?

● Sure.
  슈어.

☺ 창호야, 우리 엄마셔. 엄마, 애가 반 친구 창호예요.
● 처음 뵙겠습니다. 뵙게 되어서 반갑습니다.
☺ 처음 보는구나. 난 린다 브라운이란다.
● 뵙게 되어서 반갑습니다, 미시즈 브라운.
☺ 와 줘서 고맙다. 이쪽으로 오겠니?
● 네 그러지요.

Note
● 소개할 때 윗사람이나 여자부터 먼저 하는 것이 일반적이다.

☺ Let me introduce Mr. Kim to you. Mr. Kim is my friend.
  렛 미 인트로듀스 미스터 김 투 유. 미스터 김 이즈 마이 프렌드.
  He is a teacher.
  히 이즈 어 티춰.

☺ I'm glad to meet you, Mr. Kim. I'm Cathy, Tom's mom.
아임 글래드 투   밋―츄, 미스터 김.   아임 캐씨,   톰즈 · 맘.

● I'm glad to meet you. I've heard a lot about you from Tom.
아임 글래드 투   밋―츄. 아이브 허드 얼―랏 어바웃 유 프롬 탐.

☺ Oh, really? I've been wanting to meet you for a long time.
오, 뤼얼리? 아이브 빈   원팅   투 밋―츄 포 어 롱   타임.

☺ 미스터 김을 소개할게요. 미스터 김은 내 친구이고 선생님입니다.
☺ 만나서 반가워요, 미스터 김. 난 탐의 엄마 캐시예요.
● 만나서 반갑습니다. 탐에게서 이야기 많이 들었습니다.
☺ 그래요? 저도 오랫동안 만나기를 고대했습니다.

☺ Hello.
헬로우.

☺ Hello. How are you?
헬로우.   하우 아   유?

☺ I'm fine, thanks. And this is Jun-ho.
아임 파인, 땡쓰.   앤드 디스 이즈 준-호.

☺ How do you do, Jun-ho?
하우 두 유 두, 준-호?

☺ How do you do? Nice to meet you.
하우 두 유 두? 나이쓰 투   밋―츄.

☺ It's nice to meet you, too.
잇츠 나이쓰 투   밋―츄,   투.

☺ This is my girlfriend, Ji-a.
디스 이즈 마이   걸프렌드, 지-아.

☺ Nice to meet you.
나이쓰 투   밋―츄.

☺ Nice to meet you, too.
나이쓰 투   밋―츄,   투.

☺ 안녕.
☺ 안녕, 어때?
☺ 좋아, 고마워. 이 애가 준호야.
☺ 준호, 처음 보는구나?
☺ 그래. 만나서 반가워.
☺ 나도 반가워.
☺ 이 사람이 내 친구 지아야.
☺ 만나서 반가워.
☺ 저도 만나서 반가워.

Note

● 타인에게 상대방을 소개하는 경우 관계까지 소개하는 경우가 있다.

We are old friends. (우리는 오랜 친구 사이예요.)
위 아 올드 프렌즈.

He and I went to high school together. (우리는 고등학교 동창이에요.)
히 앤드 아이 웬-투 하이 스쿨 투게더.

She and I work for the same company.
쉬 앤드 아이 워크 포 더 쎄임 컴퍼니.
(우리는 같은 회사에 근무하고 있어요.)

☺ How do you do?
하우 두 유 두?

☺ How do you do?
하우 두 유 두?

☺ May I ask your name, please.
메이 아이 애스크 유어 네임, 플리즈.

☺ Here is my business card.
히어-리즈 마이 비즈니스 카드.

☺ Thanks. Do you have a business card?
　　땡쓰.　두 유　해브 어　비즈니스　카아드?

☺ Yes, here it is. (here you go.)
　　예스, 히어 잇 이즈. 히어　유　고우.

☺ Thanks.
　　땡쓰.

> ☺ 처음 뵙겠습니다.
> ☺ 처음 뵙겠습니다.
> ☺ 이름이 무엇입니까?
> ☺ 여기 제 명함이 있습니다.
> ☺ 감사합니다. 당신도 명함이 있으세요?
> ☺ 네, 여기 있습니다.
> ☺ 감사합니다.

(3) 가족 소개

☺ Mr. Yim, this is my wife and son. Cathy, this is Mr. Yim.
　　미스터 임,　디스 이즈 마이 와이프 앤드 썬.　캐씨, 디스 이즈 미스터 임.

☺ How do you do?
　　하우 두　유　두?

● How do you do, Mr.Yim? Nice to meet you.
　　하우　두　유　두, 미스터 임?　나이쓰 투　밋 — 츄.

☺ Nice to meet you, too. Mr. Kim, you have a charming wife and a handsome son.
　　나이쓰 투　밋 — 츄,　투. 미스터 김,　유 해브 어　챠밍
　　와이프 앤드 어　핸썸　썬.

☺ Thanks.
　　땡쓰.

☺ 미스터 임, 내 부인과 아들이네. 캐시, 이 사람이 미스터 임이야.
☺ 처음 뵙겠습니다.
☻ 미스터 임, 처음 뵙겠습니다. 만나서 반갑습니다.
☺ 저도 반갑습니다. 미스터 김, 당신은 매력적인 부인과 잘생긴 아들을 두셨군요.
☺ 고맙네.

☺ Let me introduce myself.
렛 미 인트로듀스 마이쎌프.

I'm from Seoul. I graduated from A high school and
아임 프롬 서울. 아이 그래쥬에이티드 프롬 에이 하이 스쿨 앤드

went to S university. Now, I am a mother of two children.
웬 - 투 에스 유니버씨티. 나우, 아이 앰 어 마더 어브 투 칠드뤈.

☺ That's interesting. May I ask you a question?
댓츠 인터뤠스팅. 메이 아이 애스크 유 어 퀘스천?

☺ Yes, what is it?
예스, 왓 이즈 잇?

☺ How many people are there in your family?
하우 메니 피플 아 데어 인 유어 패밀리?

☺ Five including my mother-in-law.
파이브 인클루딩 마이 마더 - 인 - 로.

☺ 제 소개를 하겠습니다. 저는 서울에서 태어났습니다. 지금은 두 아이의 엄마입니다. 저는 A고등학교를 졸업하고 S대학에 들어갔습니다.
☺ 그렇군요. 질문 하나 해도 될까요?
☺ 네, 무엇인데요?
☺ 가족이 몇 명입니까?
☺ 시어머니까지 포함해서 5명입니다.

Note

시어머니, 장모 mother-in-law / 시아버지, 장인 father-in-law
　　　　　마더 - 인 - 로　　　　　　　　　　　파더 - 인 - 로

며느리 daughter-in-law / 사위 son-in-law
　　　도우터 - 인 - 로　　　　　썬 - 인 - 로

시누이, 형수, 올케 sister-in-law / 시동생, 처남, 매부 brother-in-law
　　　　　　　씨스터 - 인 - 로　　　　　　　　　　　브라더 - 인 - 로

삼촌 uncle / 숙모 aunt / 사촌 cousin / 할아버지 grandfather
　　엉클　　　　앤트　　　　커즌　　　　　그랜드 파더

할머니 grandmother / 형제 자매 sibling
　　그랜드 마더　　　　　　씨블링

창이와 함께 영어 회화 배우기

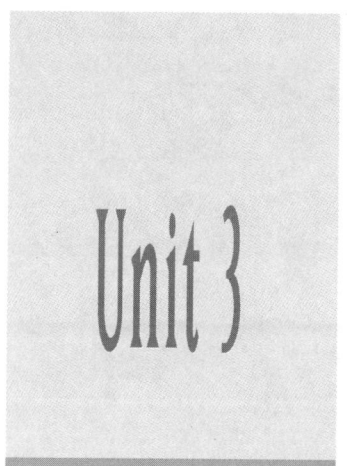

신 상
Personal History

(1) 나이
(2) 생일
(3) 출신지
(4) 출신 학교
(5) 가족
(6) 직업
(7) 취미
(8) 기호

3 신 상
Personal History

(1) 나이

☺ Tom, I have to buy my mother a present for
   탐, 아이 해브 투 바이 마이 마더 어 프레즌트 포

  her birthday tomorrow.
  허 버쓰데이 투머로우.

☺ How old is your mother?
   하우 올드 이즈 유어 마더?

☺ She is 64 years old.
   쉬 이즈 씩스티-포어 이어즈 올드.

☺ Oh, really? She looks like she is in her middle fifties.
   오, 뤼얼리? 쉬 룩스 라이크 쉬 이즈 인 허 미들 픱티즈.

☺ She looks young for her age.
   쉬 룩스 영 포 허 에이쥐.

☺ 탐, 내일 엄마 생신이라 선물 사야 돼.
☺ 엄마 연세가 어떻게 되시니?
☺ 64세이셔.
☺ 정말? 50대 중반 정도로밖에 보이시지 않는데.
☺ 엄마는 나이보다 젊어 보이시긴 해.

☺ How old are you?
하우 올드 아 유?

☺ 28 years old.
트웬티-에잇 이어즈 올드.

☺ Really? you look young for your age.
뤼얼리? 유 룩 영 포 유어 에이쥐.

☺ Thank you.
땡 - 큐.

> ☺ 당신은 몇 살이에요?
> ☺ 28살입니다.
> ☺ 정말이에요? 당신은 나이보다 젊어 보여요.
> ☺ 감사합니다.

☺ How old is he?
하우 올드 이즈 히?

☺ He's over the hill.
히즈 오버 더 힐.

☺ Tell me his exact age.
텔 미 히즈 이그잭트 에이쥐.

☺ He's 32 years old.
히즈 써티-투 이어즈 올드.

☺ Really? He looks older than his age.
뤼얼리? 히 룩스 올더 댄 히즈 에이쥐.

> ☺ 그는 몇 살인가요?
> ☺ 먹을 만큼 먹었어요.
> ☺ 정확한 나이를 말해 주세요.
> ☺ 32살입니다.
> ☺ 정말이에요? 나이보다 늙어 보이네요.

Note

- 상대방의 나이를 묻고자 할 때

    How old are you?라고 하면 된다.
    하우 올드 아 유?

- 그 외에 다른 사람의 나이를 묻고자 할 때

    How old is your sister? / How old is Miss Kim?
    하우 올드이즈 유어 씨스터? / 하우 올드이즈 미쓰 김?

- 또는 몇 살처럼 보이니?라고 물을 때

    How old do I look?
    하우 올드 두 아이 룩?

- 대답

    You look like you're in your early thirties.
    유 룩 라이크 유어 인 유어 얼리 써티즈.
    (넌 삼십대 초반으로 보여.)

    She looks like she is in her middle thirties.
    쉬 룩스 라이크 쉬 이즈 인 허 미들 써티즈.
    (그녀는 삼십대 중반으로 보여.)

    He looks like he is in his late thirties.
    히 룩스 라이크 히 이즈 인 히즈 레이트 써티즈.
    (그는 삼십대 후반으로 보여.)

- "그는 나이보다 어려 보인다."라고 칭찬의 말을 할 때

    He looks younger than his age.
    히 룩스 영거 댄 히즈에이쥐.

    He looks young for his age.라고 할 수 있다.
    히 룩스 영 포 히즈 에이쥐.

- over the hill은 '나이를 먹을 만큼 먹었다'라는 표현으로 관용적으로 쓰인다.

참 고

한국인들은 흔히 몇 살이냐고 묻지만 미국에서는 대단히 실례가 되는 질문이다. 특히 여자에게는 더욱 그렇다. 미국인은 대개 솔직해서 오픈 커뮤니케이션을 하는 편이지만, 사적인 이야기는 정말로 가까운 사람한테나 하며, 그 이외에는 하지 않는 것이 예의이다.

(2) 생일

☺ Next Saturday is my birthday. Can you come over for dinner?
넥스트 쌔터데이 이즈 마이 버쓰데이. 캔 유 컴 오버 포 디너?

☺ Yes, I can. Happy birthday!
예스, 아이 캔. 해피 버쓰데이!

☺ When's your birthday?
웬즈 유어 버쓰데이?

☺ July 15th.
줄라이 핍쓰.

> ☺ 다음 주 토요일이 내 생일이야. 저녁에 올 수 있니?
> ☺ 그럼, 생일 축하해.
> ☺ 네 생일은 언제야?
> ☺ 7월 15일이야.

(3) 출신지

☺ Where are you from?
웨어 아 유 프롬?

☺ I'm from Korea.
아임 프롬 코리아.

☺ What part of Korea?
왓 파트 어브 코리아?

☺ I was born in Suwon and raised in Seoul.
아이 워즈 본 인 수원 앤드 뤠이즈드 인 서울.

☺ How long have you been in Seoul?
하울 － 롱 해브 유 빈 인 서울?

☺ About 5 years.
어바웃 파이브이어즈.

☺ What is your nationality?
왓 이즈 유어 내셔널리티?

☺ I'm American.
아임 어메리컨.

☺ Then, why did you come here?
덴, 와이 디-쥬 컴 히어?

☺ Because I wanted to learn about Korean culture.
비코우즈 아이 원티드 투 런 어바웃 코리언 컬춰.

☺ I hope you enjoy your stay.
아이 호프 유 인조이 유어 스테이.

☺ 어디 출신입니까?
☺ 저는 한국인입니다.
☺ 한국 어디 출신입니까?
☺ 저는 수원에서 태어나서 서울에서 성장했습니다.
☺ 서울에 얼마나 사셨습니까?
☺ 5년 정도 살았습니다.
☺ 당신의 국적은 무엇입니까?
☺ 전 미국인입니다.
☺ 그런데 왜 이곳에 오셨어요?
☺ 한국 문화를 배우고 싶어서입니다.
☺ 잘 지내시기 바랍니다.

Note

● 출신국이나 출신지, 학교를 묻고자 할 때

Where are you from? (어디 출신입니까?)
웨어 아 유 프롬?

Where do you live? (어디 사세요?)
웨어 두 유 리브?

Where did you go to college? (대학은 어디를 다녔습니까?)
웨어 디-쥬 고우 투 컬리쥐?

- 대답

  I'm from Korea. (나는 한국에서 왔습니다.)
  아임 프롬 코리아.

  I was born and raised in Seoul. (나는 서울에서 태어나 성장했습니다.)
  아이 워즈 본 앤드 뤠이즈드 인 서울.

  I live in Seoul. (나는 서울에 삽니다.)
  아이 리브 인 서울.

  I went to A university. (나는 A대학에 다녔습니다.)
  아이 웬 - 투 에이 유니버시티.

(4) 출신 학교

☺ Where did you go to college?
　　웨어　디 - 쥬　고우 투　컬리쥐?

☺ I went to A university.
　　아이 웬 - 투 에이　유니버시티.

☺ What do you do for a living?
　　왓　두　유　두　포 어　리빙?

☺ I work for a trade company.
　　아이 워크　포 어 트뤠이드　컴퍼니.

☺ What school did you graduate from?
　　왓　스쿨　디 - 쥬　그뤠쥬에이트　프롬?

☺ I graduated from Seoul National University.
　　아이 그뤠쥬에이티드 프롬　서울　내셔널　유니버씨티.

☺ What grade are you in?
　　왓　그뤠이드　아　유　인?

☺ Sophomore.
　　쏘포모어.

☺ What's your major?
　　왓츠　유어　메이저?

☺ **My major is Psychology.**
마이 메이저 이즈 싸이컬러쥐.

☺ **Interesting.**
인터뤠스팅.

☺ 대학은 어디 나오셨습니까?
☺ A대학교 나왔습니다.
☺ 직업은 무엇이죠?
☺ 저는 무역회사에 다닙니다.
☺ 어느 학교에 다니나요?
☺ 서울대학교 다닙니다.
☺ 몇 학년인가요?
☺ 2학년입니다.
☺ 전공은 무엇입니까?
☺ 전공은 심리학입니다.
☺ 재미있겠군요.

Note

- 단과대학 **college** / 종합대학 **university** / 유치원 **Kindergarten**
  컬리쥐   유니버서티   킨더가튼

- 초등학교 **Elementary** / 중학교 **Junior-high school**
  엘러멘터리   주니어 - 하이 - 스쿨

- 고등학교 **High school (Senior-high school)**
  하이 스쿨   (씨니어 - 하이 스쿨)

- 일반 대학 4년제에 대해서 1학년은 freshman(프레쉬맨), 2학년은 sopho-more(쏘포모어), 3학년은 junior(주니어), 4학년은 senior(씨니어)라고 한다. 초 · 중 · 고등학교에서 학년은 year(이어) 또는 grade(그레이드)로 표현된다.

- 대학에서 전공은 major(메이저), 부전공은 minor(마이너)이다. 특히 전문 연구소나 전문 분야에서 일하는 경우는 specialize(스페셜라이즈)를 사용할 수 있다.

(5) 가족

☺ Are you married?
　아　유　　매리드?

☺ Yes, I'm married.
　예스, 아임　매리드.

☺ How many people are there in your family?
　하우　메니　피플　아　데어　인　유어　패밀리?

☺ There are five; my father, my mother, my wife,
　데어　아　파이브; 마이　파더,　마이　마더,　마이　와이프,

　my daughter and myself.
　마이　도우터,　앤드　마이쎌프.

☺ What do you do for a living?
　왓　두　유　두　포　어　리빙?

☺ I'm a civil servant.
　아임　어　씨빌　써번트.

> ☺ 결혼하셨습니까?
> ☺ 네, 결혼했습니다.
> ☺ 가족은 몇 명입니까?
> ☺ 다섯입니다. 아버지, 어머니, 아내, 딸 그리고 저입니다.
> ☺ 직업은 무엇입니까?
> ☺ 저는 공무원입니다.

☺ How many people do you have in your family?
　하우　메니　피플　두　유　해브　인　유어　패밀리?

☺ Just three.
　저스트　쓰리.

☺ Do you have any brothers?
　두　유　해브　에니　브라더스?

☺ No, I am the only son.
노, 아이 앰 디 온리 썬.

☺ 가족이 몇 명입니까?
☺ 세 명뿐입니다.
☺ 형제가 있습니까?
☺ 아니오, 전 외동아들입니다.

☺ How many children do you have?
하우 메니 췰드뤈 두 유 해브?

☺ I have one son and one daughter. How about you?
아이 해브 원 썬 앤드 원 도우터. 하우 어바웃 유?

☺ My wife and I are having a baby next month.
마이 와이프 앤드 아이 아 해빙 어 베이비 넥스트 먼쓰.

☺ Really? Congratulations !
뤼얼리? 컨그뤠춰레이션스!

☺ 자녀가 몇 명입니까?
☺ 아들 한 명과 딸 한 명입니다. 당신은 어떠세요?
☺ 다음 달에 아이가 태어납니다
☺ 정말이요? 축하드려요.

☺ Are you married or single?
아 유 매리드 오어 씽글?

☺ I am single.
아이 앰 씽글.

☺ When do you plan to get married?
웬 두 유 플랜 두 겟 매리드?

☺ Maybe, next year.
　메이비,　넥스트　이어.

☺ How many children will you have?
　하우　메니　췰드뤈　윌　유　해브?

☺ I'm not sure, but I plan to have four.
　아임　낫　슈어,　벗 아이 플랜　투　해브　포어.

☺ That's too many.
　댓츠　투　메니.

☺ 결혼하셨나요? 아니면 미혼인가요?
☺ 미혼입니다.
☺ 언제 결혼할 예정인가요?
☺ 아마 내년쯤이 될 것 같아요.
☺ 자녀는 몇 명을 가질 계획인가요?
☺ 잘 모르겠어요, 하지만 네 명 정도 생각합니다.
☺ 너무 많아요.

Note

● 미혼인가 기혼인가를 물을 때

　Are you married or single? (당신은 결혼했어요, 아니면 미혼이에요?)
　아　유　매리드　오어　씽글?

　- I'm married. / - I'm single.(결혼했어요.) / (미혼이에요.)
　　아임　매리드. /　아임　씽글.

　- I'm engaged. (약혼했어요.) / - I'm divorced. (이혼했어요.)
　　아임　인게이쥐드. 　　　　　/　아임　디보어스트.

● 가족의 명수를 묻고자 할 때

　How many are there in your family?
　하우　메니　아　데어　인　유어　패밀리?

　How many people are in your family?
　하우　메니　피플　아　인　유어　패밀리?

　How big is your family?
　하우　빅　이즈　유어　패밀리?

● 대답

- There are five.
  데어 아 파이브.

- There are four; my parents, an older brother and myself.
  데어 아 포어 ; 마이 패런츠, 언 올더 브라더 앤드 마이쎌프.

● 형제나 자녀 유무를 묻고자 할 때

Do you have any children?
두 유 해브 에니 췰드뤈?

Do you have any brothers or sisters?
두 유 해브 에니 브라더스 오어 씨스터즈?

-Yes, I have one daughter and one son.
예스, 아이 해브 원 도우터 앤드 원 썬.

-Yes, I have a younger brother.
예스, 아이 해브 어 영거 브라더.

-No, I don't.
노우, 아이 도운트.

(6) 직업

☺ What do you do?
왓 두 유 두?

☺ I am a student.
아이 앰 어 스튜던트.

> ☺ 직업이 무엇입니까?
> ☺ 학생입니다.

☺ What do you do for a living?
왓 두 유 두 포 어 리빙?

☺ I'm a businessman.
아임 어 비즈니스 맨.

☺ What kind of business are you in?
　왓　카인드 어브　비즈니스　아　유　인?

☺ Selling electronic appliances.
　쎌링　　일렉트로닉　어플라이언씨즈.

> ☺ 직업이 무엇인가요?
> ☺ 전 사업가입니다.
> ☺ 어떤 사업을 하시나요?
> ☺ 전자제품을 파는 일입니다.

☺ What does your father do?
　왓　더즈　유어　파더　두?

☺ He's a teacher.
　히즈 어　티춰.

☺ Where?
　웨어?

☺ At an elementary school.
　앳　언　엘러멘터리　　스쿨.

☺ How long has he been working there?
　하울 ― 롱　해즈 히　빈　　워킹　　데어?

☺ About 10 years.
　어바웃　텐　이어즈.

> ☺ 아버지 직업은 무엇인가요?
> ☺ 선생님입니다.
> ☺ 어디에서 가르치시나요?
> ☺ 초등학교입니다.
> ☺ 교직에 얼마나 계셨나요?
> ☺ 10년 정도 되었습니다.

☺ What's your job?
　왓츠　유어　잡?

☺ I'm an athlete.
　아임 언　애쓸릿.

☺ Which sports do you play?
　위치　스포오츠　두　유　플레이?

☺ Baseball.
　베이스볼.

☺ What's your position?
　왓츠　유어　포지션?

☺ I am a pitcher.
　아이 앰 어　핏쳐.

☺ Great!
　그뤠잇!

☺ 당신 직업은 무엇인가요?
☺ 전 운동선수입니다.
☺ 어떤 종류의 운동인가요?
☺ 야구입니다.
☺ 당신의 포지션은 무엇입니까?
☺ 투수입니다.
☺ 훌륭하군요.

Note

● 직업을 물을 때

What do you do? / What's your job?
　왓　두　유　두? /　왓츠　유어　잡?

What kind of work do you do? / What's your occupation?
　왓　카인드 어브 워크　두　유　두? /　왓츠　유어　어큐페이션?

Unit 3 신상

- I'm a civil servant. (난 공무원입니다.)
  아임 어 시빌 써번트.

- I'm a secretary at Sam-sung. (저는 삼성회사 비서입니다.)
  아임 어 쎄크러터리 앳 삼성.

- I'm a housewife. (전 가정주부입니다.)
  아임 어 하우스와이프.

- I'm a doctor. (난 의사입니다.)
  아임 어 닥터.

- I'm a teacher. (나는 선생님입니다.)
  아임 어 티춰.

- I work part time in K.F.C. (저는 K.F.C에서 파트타임으로 일합니다.)
  아이 워크 파트 타임 인 케이.에프.씨.

● 직업 종류

원예사 florist / 미용사 hairdresser / 변호사 lawyer / 판사 judge
플로리스트   헤어드레서   로이어   쥐쥐

검사 prosecutor / 의사 doctor / 간호사 nurse
프롸씨큐터   닥터   너스

물리치료사 physical therapist / 음악가 musician / 지휘자 conductor
          피지컬 쎄라피스트   뮤지션   컨덕터

교수 professor / 강사 lecturer / 경비원 guard / 안내원 usher
프로페서   렉춰러   가드   어쉬

택시 운전사 taxi driver / 운동선수 athlete
           택씨 드라이버   애쓸릿

(7) 취미

☺ What are your hobbies?
   왓 아 유어 하비즈?

☺ I go fishing on holidays. How about you?
   아이 고우 피싱 온 헐리데이즈. 하우 어바웃 유?

☺ I enjoy playing basketball.
   아이 인조이 플레잉 배스킷볼.

☺ Oh, really? Are you a good player?
   오, 뤼얼리? 아 유 어 굿 플레이어?

☺ No, I'm just an average player.
　　노우, 아임 저스트 언　에버리쥐　플레이어.

☺ How often do you play it?
　　하우　오픈　두　유　플레이 잇?

☺ I play almost everyday. Do you like basketball?
　　아이 플레이 올모스트　에브리데이.　두　유　라이크　배스킷볼?

☺ Yes, but I prefer to watch.
　　예스,　벗 아이 프뤼퍼 투　왓취.

☺ 너의 취미가 뭐니?
☺ 휴일마다 낚시하는 거야. 너는?
☺ 나는 농구하는 걸 좋아해.
☺ 정말? 너 농구 잘해?
☺ 아니, 난 그저 보통 수준이지 뭐.
☺ 얼마나 자주 하니?
☺ 난 거의 매일 해. 너는 농구 좋아해?
☺ 응, 그렇지만 보는 걸 더 좋아해.

Note

- -하러 가다는 go ~ing 유형을 사용한다.
  수영하러 가다 go swimming / 스키타러 가다 go skiing
  　　　　　　　고우　스위밍　　　　　　　　　고우　스키잉
  승마하러 가다 go horseback riding
  　　　　　　　고우　호스백　라이딩

- 운동을 하다는 play ~를 사용한다.
  배구하다 play volleyball / 골프하다 play golf
  　　　　　플레이　발리볼　　　　　　　플레이 골프

- 운동명
  스쿼시 squash / 잠수 scuba diving / 파도타기 surfing
  　　　　스쿼시　　　　　스쿠버 다이빙　　　　　　　써핑
  요트타기 windsurfing · sailing / 뗏목타기 rafting
  　　　　　윈드써핑　　쎄일링　　　　　　　래프팅

(8) 기호

☺ What's your favorite food?
왓츠 유어 페이붜릿 푸드?

☺ I like Kim-chi. How about you?
아이 라이크 김치. 하우 어바웃 유?

☺ I love it, but it's too hot. I prefer to eat octopus.
아이 러브 잇. 벗 잇츠 투 핫. 아이 프리퍼 투 잇 악터퍼스.

☺ Are you kidding? Yuck!
아 유 키딩? 역!

☺ I really love it. It's my favorite. Have you ever eaten it?
아이 뤼얼리 러브 잇. 잇츠 마이 페이붜릿. 해브 유 에버 이튼 잇?

☺ No, I never have.
노우, 아이 네버 해브.

☺ 당신이 가장 좋아하는 음식은 무엇입니까?
☺ 김치입니다. 당신도 김치 좋아하나요?
☺ 좋아해요, 하지만 너무 매워요. 전 낙지를 좋아해요.
☺ 농담하지 마세요. 윽!
☺ 정말 좋아해요. 그게 제일 좋아하는 음식이에요. 먹어 본 적 있어요?
☺ 먹어 본 적 없어요.

Note

● 가장 좋아하는 것은 favorite을 활용할 수 있다. 이 단어는 형용사, 명사로 둘 다 쓰일 수 있다.

What is your favorite? (당신이 가장 좋아하는 것은 무엇입니까?)
왓 이즈 유어 페이붜릿?

What is your favorite *beverage*? (*movie*?) (*sport*?) (*TV program*?)
왓 이즈 유어 페이붜릿 베버리쥐? (무비?) (스포어트?) (티브이 프로그램?)

창이와 함께 영어 회화 배우기

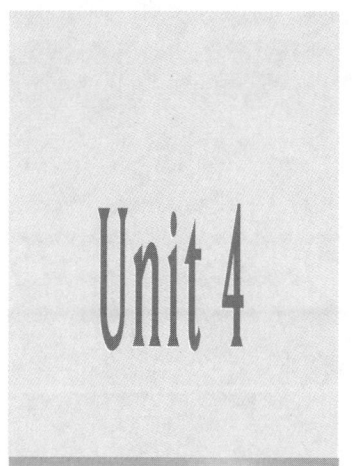

약 속
Appointments

(1) 사업상의 약속

(2) 영화 약속

(3) 식사 초대

(4) 데이트 약속

(5) 카풀 약속

(6) 식사 초대

4 약 속
Appointments

(1) 사업상의 약속

☺ **May I help you?**
메이 아이 헬프 유?

☺ **Yes, I have an appointment with Mr. Lee.**
예스, 아이 해브 언 어포인트먼트 위드 미스터 리.

☺ **Please wait a minute.**
플리즈 웨잇 어 미닛.

☺ **Okay. (sure.) (no problem.)**
오우케이. (슈어.) (노우 플라블럼.)

☺ 무슨 일로 오셨나요?
☺ 예, 미스터 리와 약속이 되어 있습니다.
☺ 잠깐 기다리세요.
☺ 네.

Note

● 상대방을 만날 약속을 정하는 경우는 make an appointment with~이다.
메이크 언 어포인트먼트 위드~

이미 약속이 정해져 있는 경우는 have an appointment with~를 사용한다.
해브 언 어포인트먼트 위드~

☺ Sir, Mr. Lee's office is on the eighth floor,
　　써, 미스터　리스　오피스　이즈　온　디　에잇쓰　플로어,
room 802.
　　룸　　에잇지로우투.

☺ Where are the elevators?
　　웨어　아　디　엘리베이터즈?

☺ Around the corner at the end of the hall.
　　어롸운드　더　코너　앳　디　엔드 어브 더　홀.

☺ Thank you.
　　땡 — 큐.

☺ 손님, 미스터 리의 사무실은 8층에 있습니다. 방은 802호입니다.
☺ 엘리베이터가 어디에 있습니까?
☺ 복도 끝 구석을 돌아가시면 있습니다.
☺ 감사합니다.

Note

● ~에 있다에서 장소의 표현이 많이 있다.

왼쪽에 on the left 또는 on the left side
　　　　온　더 레프트,　　온　더 레프트 사이드
오른쪽에 on the right 또는 on the right side
　　　　온　더 롸이트　　온　더 롸이트 사이드
중간에 in the middle (인 더 미들)
구석에 on the corner (온 더 코너)
맞은 편에 across from (어크로쓰 프롬)
반대편에 opposite to (어포짓 - 투)
모퉁이를 돌아서 around the corner (어롸운드 더 코너)
옆에 next to (넥스 - 투)

(2) 영화 약속

☺ Are you free tonight?
　아　유　프리　투나잇?

☺ Yes.
　예스.

☺ Let's go to the movies.
　렛츠 고우 투　더　무비즈.

☺ Which movie?
　위치　　무비?

☺ "Gladiator."
　"글래디에이터."

☺ That's a good idea. I've been wanting.
　댓츠　어　굿　아이디어. 아이브　빈　　원팅.

☺ 오늘 시간 있으세요?
☺ 예.
☺ 영화 보러 갑시다.
☺ 무슨 영화 보러 갈까요?
☺ "검투사"라는 영화예요.
☺ 좋은 생각이에요. 나도 보려고 했어요.

Note

- 영화 종류
  horror movie (호러 무비) 공포 영화
  SF(science fiction) movie (싸이언스 픽션 무비) 공상과학 영화
  thriller (쓰릴러) 스릴러
  adventure movie (어드벤춰 무비) 모험 영화
  comedy (카미디) 코믹 영화
  romantic movie (로맨틱 무비) 로맨틱 영화
  documentary (다큐멘터리) 실화

(3) 식사 초대

☺ Let me treat you to dinner.
렛 미 트리트 유 투 디너.

☺ That sounds great.
댓츠 싸운즈 그뤠잇.

☺ What time is convenient?
왓 타임 이즈 컨비니언트?

☺ At 7:30.
앳 세븐 써티.

☺ O.K. See you then.
오우케이. 씨이 유 덴.

☺ 당신에게 저녁을 대접하고 싶습니다.
☺ 좋아요.
☺ 몇 시가 편하신가요?
☺ 7시 30분이요.
☺ 좋아요, 그때 보죠.

☺ Would you like to join me for dinner tonight?
우 — 줄 라익 투 조인 미 포 디너 투나잇?

☺ I'd be happy to.
아이드 비 해피 투.

☺ I know a good American restaurant.
아이 노우 어 굿 어메리칸 뤠스토런트.

☺ Great! I love American food. Is there a dresscoat?
그뤠잇! 아이 러브 어메리칸 푸드. 이즈 데어 어 드뤠스코오트?

☺ No, there isn't. Wear whatever you want.
노우, 데어 이즌트. 웨어 왓에버 유 원트.

☺ 오늘 저녁 같이 하고 싶은데요.
☺ 기꺼이 그러지요.
☺ 좋은 양식 식당을 알고 있거든요.
☺ 잘됐군요. 전 양식을 좋아하거든요. 복장은 갖춰야 하나요?
☺ 아니오, 편한 복장을 하세요.

Note

- 상대방이 초대했을 때 복장에 대해 신경을 쓰는 것이 좋다. 특히 장소에 따라 규제를 받는 곳이 있으므로 복장에 신경 쓰는 것이 예의이다.

Dress causally. (드뤠스 캐주얼리.) (편하게 입으세요.)

Come in formal dress. (컴 인 포멀 드뤠스.) (정장하고 오십시오.)

☺ Thank you for visiting my home.
땡 ― 큐   포   뷔지팅   마이   홈.

☺ It's my pleasure.
잇츠 마이   플레줘.

☺ I cooked Korean food. Do you like Bulgogi?
아이 쿡트   코리언   푸드. 두 유 라이크   불고기?

☺ Of course.
어브 코어스.

☺ Please help yourself.
플리즈   헬프   유어쎌프.

☺ 저희 집에 와 주셔서 감사합니다.
☺ 오히려 영광입니다.
☺ 한국 음식을 요리했어요. 불고기 좋아하세요?
☺ 물론이죠.
☺ 좀 드세요.

Unit 4 약 속

☺ I really want you to come to the barbecue.
아이 뤼얼리 원 - 츄 투 컴 투 더   바비큐.

☺ Well… when will it be?
웰…   웬   윌 잇 비?

☺ It's going to be next week.
잇츠 고잉 투 비 넥스트   윅.

☺ What day?
왓 데이?

☺ Saturday.
쌔터데이.

☺ Well, I have other plans, but I will try to come.
웰, 아이 해브   아더   플랜즈, 벗 아이 윌 트라이 투   컴.

☺ 바베큐 파티에 와 주시겠어요?
☺ 글쎄요, 언제 하시나요?
☺ 다음 주에 열 예정입니다.
☺ 무슨 요일인가요?
☺ 토요일이에요.
☺ 사실 다른 약속이 있습니다, 하지만 가도록 할게요.

> Note

● 손님에게 "드세요." 라는 표현

Please help yourself.
플리즈 헬프   유어쎌프.

Please be my guest.
플리즈 비 마이 게스트.

특히 be my guest는 여러 의미가 있다. 예로 "오늘 제가 대접할게요.", 그리고 상대방이 부탁을 했을 때 "얼마든지 쓰세요." 그리고 "마음껏 드세요."라는 의미이다.

● 파티 종류
- 주로 고기를 구워 먹는 야외 파티 barbecue (바비큐)
- 저녁 식사 파티 dinner party (디너 파티)
- 간단한 다과와 술을 주로 먹는 파티 cocktail party (칵테일 파티)
- 손님 각자가 만들어 온 음식으로 여는 파티 pot-luck party (팟-럭 파티)
- 보통 생일에 여는 깜짝 파티 surprise party (써프라이즈 파티)
- 같은 또래 친구들이 부모 허락을 받고 한 집에 모여 외박하며 여는 파티 pajama party (파자마 파티)

(4) 데이트 약속

☺ Do you have any free time?
두 유 해브 에니 프리 타임?

☺ Yes, what's up?
예스, 왓츠 업?

☺ How about going for a walk with me?
하우 어바웃 고잉 포 어 워크 위드 미?

☺ Great! Where do you want to go?
그뤠잇! 웨어 두 유 원-투 고우?

☺ To the City park.
투 더 씨티 파아크.

☺ 시간 있으세요?
☺ 그런데요. 무슨 일이죠?
☺ 저랑 산책하는 게 어떠세요?
☺ 좋아요. 어디로 갈까요?
☺ 시립 공원으로 갑시다.

☺ Are you free this weekend?
　　아　유　프리　디스　위켄드?

☺ Maybe. I don't have any plans.
　　메이비. 아이 도운트 해브　에니　플랜즈.

☺ Then, how about going on a date with me?
　　덴,　하우　어바웃　고잉　온 어 데이트 위드　미?

☺ That's a good idea.
　　댓츠 어　굿　아이디어.

☺ 이번 주말에 한가하세요?
☺ 아마도. 아직 계획이 없어요.
☺ 그러면, 저와 데이트 어때요?
☺ 좋은 생각이에요.

Note

● ~와 데이트 약속을 하다　**make a date with**　(메이크 어 데이트 위드)
● ~와 데이트 약속이 있다　**have a date with**　(해브 어 데이트 위드)
● date는 명사로 쓰여 데이트 상대자라는 의미로 쓰일 수 있다.

(5) 카풀 약속

☺ These days, air pollution is a serious ploblem.
　　디즈　데이즈, 에어　폴루션　이즈 어 씨리어스　플라블럼.

☺ Yes, it is.
　　예스,　잇 이즈.

☺ So, I will carpool with my neighbors.
　　쏘우, 아이 윌　카풀　위드 마이　네이버스.

☺ That's a good idea.
   댓츠 어 굿 아이디어.

☺ How about you?
   하우 어바웃 유?

☺ Me? I'd like to carpool with you if you don't mind.
   미? 아이들 라잌 투 카풀 위드 유 이프 유 도운트 마인드.

☺ 요즘 대기 오염이 심각해.
☺ 맞아.
☺ 그래서 난 내 차를 이웃과 같이 타려고 해.
☺ 그거 좋은 생각이야.
☺ 넌 어때?
☺ 나? 나도 합승 이용에 동참하고 싶어.

창이와 함께 영어 회화 배우기

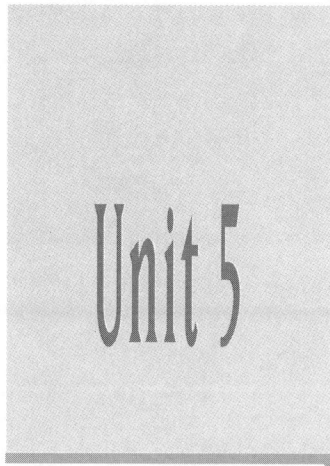

Unit 5

전 화
The Telephone

(1) 전화 걸기

(2) 통화

(3) 메모 남기기

(4) 통화중

(5) 통화 교환

(6) 구내 전화

(7) 공중 전화

(8) 잘못된 통화

(9) 국제 전화

(10) 유용한 표현들

5 전화
The Telephone

(1) 전화 걸기

☺ Hello.
　헬로우.

☺ Hello. May I speak to Jeff?
　헬로우. 메이 아이 스픽 - 투 제프?

☺ Speaking. Who's calling, please?
　스피킹. 후즈 콜링, 플리즈?

☺ Hi, this is Min-ho. I'm calling to ask you if you'd like to
　하이, 디스 이즈 민-호. 아임 콜링 투 애스크 유 이프 유들-라익 투

　come to my house for dinner tonight.
　컴 투 마이 하우스 포 디너 투나잇.

☺ Yes, I would. What time shall I come over?
　예스, 아이 우드. 왓 타임 쉘 아이 컴 오버?

☺ 7 o'clock.
　쎄븐 어클락.

☺ Fine. I'll be there on time. Thank you for calling.
　파인. 아일 비 데어 온 타임. 땡-큐 포 콜링.

☺ 여보세요.
☺ 여보세요. 제프 좀 바꿔 주세요.
☺ 전데요. 누구세요?
☺ 안녕, 나 민호야. 오늘 밤 저녁식사하러 네가 올 것인지 물어 보려고 전화했어.
☺ 응, 몇 시에 가야 하니?
☺ 7시야.
☺ 좋아. 제 시간에 갈게. 전화해 줘서 고마워.

Note

- Hello는 전화를 했을 때, 또는 받았을 때 "여보세요"와 같이 사용한다. 그리고 난 다음 This is Min-ho.라고 자기의 이름을 말한다. I'm Min-ho.라고 하는 표현을 쓰기도 한다.

  This is Min-ho speaking. 디스 이즈 민-호 스피킹.
  Min-ho speaking. 민-호 스피킹.
  This is Min-ho. 디스 이즈 민-호.
  This is Min-ho calling. 디스 이즈 민-호 콜링.
  I am Min-ho. 아이 앰 민-호.

- 전화를 한 사람이 누구인가를 물을 때

  Who is this? 후 이즈 디스?
  Who's calling, please? 후즈 콜링, 플리즈?
  May I have your name? 메이 아이 해브 유어 네임?
  To whom am I speaking? 투 훔 앰 아이 스피킹?
  Can you spell your name, please? 캔 유 스펠 유어 네임, 플리즈?

- 본인이 직접 전화를 받았을 경우

  Speaking. 스피킹.
  This is he. 디스 이즈 히.
  It's me. 잇츠 미.
  This is Min-ho speaking. 디스 이즈 민-호 스피킹.

(2) 통화

☺ Hello!
  헬로우!

☺ Hello. This is Su-jin. May I speak to Jeff, please?
  헬로우. 디스 이즈 수-진. 메이 아이 스픽 - 투 제프, 플리즈?

☺ Sorry, he's out.
  쏘오리, 히즈 아웃.

☺ When will he be in?
  웬 윌 히 비 인?

☺ He might be back in the evening.
  히 마이트 비 백 인 디 이브닝.
  Would you like to leave a message?
  우 - 쥴 라익 투 리브 어 메씨쥐?

☺ No, thank you. I'll call him back later.
  노우, 땡 - 큐. 아일 콜 힘 백 레이터.

☺ 여보세요.

☺ 여보세요. 저는 수진인데요. 제프와 통화하고 싶습니다.

☺ 미안하지만 없어요.

☺ 언제 돌아와요?

☺ 아마 저녁 때쯤 올 겁니다. 메모 남겨드릴까요?

☺ 괜찮습니다. 나중에 다시 전화할게요.

Note

● 누군가를 바꿔 달라고 할 때

May I speak to Min-ho? 메이 아이 스픽 - 투 민-호?
I'd like to speak to Mr. Kim. 아이들 라익 투 미스터 김.
Is Min-ho there? 이즈 민-호 데어?
May I talk to Min-ho? 메이 아이 톡 - 투 민-호?
Could you connect me with Min-ho? 쿠-쥬 컨넥트 미 위드 민-호?라고 한다.

● 부재중일 때

Sorry, he(she) is out of the office right now.
쏘오리, 히(쉬) 이즈 아웃 어브 디 오피스 롸잇 나우.
He(She) is not at his(her) desk. 히(쉬) 이즈 낫 앳 히즈(허) 데스크.
Sorry, he(she) isn't home right now. 쏘오리, 히(쉬) 이즌트 홈 롸잇 나우.
Sorry, he(she)'s out. 쏘오리, 히(쉬)즈 아웃.
Sorry, he(she) is not here right now. 쏘오리, 히(쉬) 이즈 낫 히어 롸잇 나우.
Sorry, he's not available right now. 쏘오리, 히즈 낫 어붸일러블 롸잇 나우.
Sorry, he has just stepped out. 쏘오리, 히 해즈 저스트 스텝트 아웃.
Sorry, he's out of the town on business.(그는 출장중입니다.)
쏘오리, 히즈 아웃 어브 더 타운 온 비즈니스.

(3) 메모 남기기

☺ Hello. Is Mr. Sin in?
헬로우. 이즈 미스터 신 인?

☺ Hold on, please. I'm sorry but he is not at his desk
홀드 온, 플리즈. 아임 쏘오리 벗 히 이즈 낫 앳 히즈 데스크
right now.
롸잇 나우.

☺ May I leave a message?
메이 아이 리브 어 메씨쥐?

☺ Sure.
슈어.

☺ 여보세요. 미스터 신 있어요?
☺ 잠깐만요. 죄송하지만 지금 자리에 안 계십니다.
☺ 메모 좀 남겨 주실래요?
☺ 네.

> **Note**
>
> ● 전화 통화를 하지 못해 메시지를 남기고자 할 때
>
> May I leave a message? (메모를 남겨도 될까요?)
> 메이 아이 리브 어   메씨쥐?
>
> I'd like to leave a message. (메모를 남기고 싶은데요.)
> 아이들 - 라잌 투 리브 어   메씨쥐.
>
> Can you take a message? (메모를 전해 주시겠습니까?)
> 캔   유 테이크 어   메씨쥐?
>
> Will you take a message? (메모 좀 전해 주시겠습니까?)
> 윌   유 테이크 어   메씨쥐?

(4) 통화중

☺ Mr. Brown's office.
  미스터 브라운스   오피스.

☺ Hello. May I speak to Mr. Brown?
  헬로우.   메이 아이 스픽 - 투 미스터   브라운?

☺ He's busy now. He is on the other line.
  히즈 비지 나우. 히 이즈 온 디 아더 라인.

☺ Would you ask him to call Miss Sin at 909-3421.
  우 - 쥬 애스크 힘 투 콜   미쓰 신 앳 나인지로우나인 - 쓰리포어투원.

☺ Sure. No problem.
  슈어. 노우   플라블럼.

☺ Brown씨 사무실입니다.
☺ 여보세요. Brown씨 좀 바꿔 주세요.
☺ 그는 지금 바빠요. 통화중이십니다.
☺ 미스 신한테 전화 왔었다고 전해주세요. 번호는 909-3421입니다.
☺ 네.

> **Note**
>
> ● 통화중일 때
>
> He's on another line. 히즈 온 어나더 라인.
> The line is busy. 더 라인 이즈 비지.
>
> ● 사무실에서 바꿔 달라는 사람이 바빠서, 다른 사람과 전화를 한다거나 또는 회의중이라 받지 못할 경우
>
> Sorry, he(she) is busy right now. Could he(she) call you later?
> 쏘오리, 히 (쉬) 이즈 비지 롸잇 나우. 쿠드 히 (쉬) 콜 유 레이터?
> (죄송합니다. 지금 바쁘신데요. 나중에 전화를 드리라고 할까요?)
>
> I'm sorry, she can't come to the phone right now.
> 아임 쏘오리, 쉬 캔트 컴 투 더 폰 롸잇 나우.
> (미안하지만 지금은 전화를 받을 수 없습니다.)

(5) 통화 교환

☺ Mr. Brown. You're wanted on the phone.
　미스터 브라운. 유어 원티드 온 더 폰.

☺ Who is it?
　후 이즈 잇?

☺ It's Miss Sin.
　잇츠 미스 신.

☺ I see. Please, connect me with her.
　아이 씨이. 플리즈, 컨넥트 미 위드 허.

☺ Brown씨 전화 왔어요.
☺ 누구예요?
☺ 미스 신이라고 하는데요.
☺ 알겠어요. 연결해 주세요.

> **Note**
>
> - 만약 다른 사람을 바꿔 주거나 연결하는 경우
>
>   **Hold on, Here is Min-ho.** (잠깐 기다리세요. 지금 있어요.)
>   홀드 온, 히어 이즈 민-호.
>
>   **Wait a minute, please.**
>   웨잇 어 미닛, 플리즈.
>
>   **Hold on, please.**
>   홀드 온, 플리즈.
>
>   **Hang on, I'll put you through now.** (잠깐 기다리세요. 연결해 드리죠.)
>   행 온, 아일 풋 유 쓰루 나우.
>
>   **Hold the line. I'll get him for you.**라고 할 수 있다.
>   홀드 더 라인. 아일 겟 힘 포 유.

(6) 구내 전화

☺ Hello. Is this Telwave Inc.?
헬로우. 이즈 디스 텔웨이브 아이앤씨.?

☺ Yes. May I help you?
예스. 메이 아이 헬프 유?

☺ Yes. Extension 45, please.
예스. 익스텐션 포어티파이브, 플리즈.

☺ O.K. I'll connect you.
오우케이. 아일 컨넥트 유.

☺ 여보세요. Telwave죠?
☺ 네, 무얼 도와드릴까요?
☺ 네, 교환 번호 45번 좀 연결해 주세요.
☺ 네, 연결해 드리죠.

(7) 공중 전화

☺ Excuse me, where are the pay phones?
익스큐즈 미, 웨어 아 더 페이 폰즈?

☺ On the other side of the lobby, near the exit.
온 디 아더 사이드 어브 더 라비, 니어 디 엑시트.

☺ May I have change for a doller?
메이 아이 해브 체인쥐 포 어 달러?

☺ Certainly.
써튼리.

> ☺ 실례지만, 공중 전화가 어디에 있습니까?
> ☺ 출입구 근처, 로비 반대편에 있습니다.
> ☺ 1달러로 바꿔 주시겠습니까?
> ☺ 물론이죠.

(8) 잘못된 통화

☺ Hello?
헬로우?

☺ Is Miss Shin there?
이즈 미쓰 신 데어?

☺ There is no one here by that name. What number did you dial?
데어 이즈 노우 원 히어 바이 댓 네임. 왓 넘버 디-쥬 다이얼?

☺ 909-3422.
나인지로우나인-쓰리포어투투.

☺ I'm sorry, but you must have the wrong number.
아임 쏘오리, 벗 유 머스트 해브 더 뤙 넘버.

☺ Oh, excuse me.
오, 익스큐즈 미.

☺ That's all right.
댓츠 올 롸잇.

☺ 여보세요?
☺ 미스 신과 통화하고 싶은데요.
☺ 그런 사람 여기 없는데요. 몇 번으로 거셨나요?
☺ 909-3422로 걸었습니다.
☺ 죄송하지만 전화 잘못 거셨습니다.
☺ 죄송합니다.
☺ 괜찮습니다.

Note

- 공중 전화 public phone 또는 pay phone
  퍼블릭 폰   페이 폰

- 공중 전화 박스 phone booth
  폰 부쓰

- 휴대 전화 cellular phone 또는 portable phone
  셀룰러 폰   포터블 폰

- 무선 전화 cordless phone
  코드리스 폰

- 무선 호출기 beeper 또는 pager
  비퍼   페이저

(9) 국제 전화

☺ May I make a call to Korea?
메이 아이 메이크 어 콜 투 코리아?

☺ Certainly.
써튼리.

☺ I'd like to make a collect call to Mr. Kim, Seoul, Korea.
아이들 라익 투 메이크 어 컬렉트 콜 투 미스터 김, 서울, 코리아.

☺ Okay. Please, wait a minute.
오우케이. 플리즈, 웨잇 어 미닛.

☺ 한국에 전화 한 통화 해도 될까요?
☺ 물론입니다.
☺ 서울의 미스터 김과 수신인 지불 통화를 하고 싶습니다.
☺ 알겠습니다. 잠깐만 기다리세요.

☺ Hello. I'd like to make an overseas call to Seoul, Korea.
  헬로우. 아이들 라잌 투 메이크 언 오버씨즈 콜 투 서울, 코리아.
  The number is 02-453-8000.
  더   넘버   이즈 지로우 투-포어파이브쓰리-에잇싸우전드.

☺ Hold on, please. The line is busy now.
  홀드 온, 플리즈. 더 라인 이즈 비지 나우.

☺ I see, thank you.
  아이 씨이, 땡 — 큐.

☺ 여보세요. 서울에 국제 전화를 걸고 싶은데요. 번호는 02-453-8000입니다.
☺ 잠깐만 기다리세요. 지금 통화중입니다.
☺ 알겠습니다. 감사합니다.

(10) 유용한 표현들

- 전화를 끊으세요.
  Please hang up.
  플리즈 행 업.

- 잠깐 기다리세요.
  Please hould on.
  플리즈 호울드 온.

- 걸려 온 전화를 받다
  answer the phone
  앤써   더 폰.

- 걸려 온 전화에 대해 회답하다
  return one's call
  뤼턴   원쓰 콜.

창이와 함께 영어 회화 배우기

길 안내
Directions

(1) 길 묻기

(2) 장소 찾기 – 주유소

(3) 장소 찾기 – 화장실

(4) 장소 찾기 – 호텔

(5) 장소 찾기 – 관공서

(6) 장소 찾기 – 상점

(7) 버스 타기

(8) 기차 타기

(9) 택시 타기

(10) 비행기 타기

 # 길 안내
Directions

(1) 길 묻기

☺ Excuse me, can you tell me where I am?
   익쓰큐즈 미, 캔 유 텔 미 웨어 아이 앰?

☺ You seem to be lost.
   유 씨임 투 비 로스트.

☺ Yes. I think I am.
   예스. 아이 씽크 아이 앰.

☺ You are on 15th Street.
   유 아 온 핍틴쓰 스트릿.

☺ Thanks.
   땡쓰.

☺ 실례지만, 여기가 어디인가요?
☺ 길을 잃으셨나 봐요.
☺ 예, 그런 것 같아요.
☺ 여기는 15번 가입니다.
☺ 고맙습니다.

Note
● 길 좀 가르쳐 주시겠습니까?
  Where am I? / Can you give me some directions?
  웨어 앰 아이? / 캔 유 기브 미 썸 디렉션스?

(2) 장소 찾기 - 주유소

☺ Excuse me, but could you tell me where a gas station is?
익쓰큐즈 미, 벗 쿠-쥬 텔 미 웨어 어 개스 스테이션 이즈?

☺ Sure, there's one just around the corner.
슈어, 데어즈 원 저스트 어롸운드 더 코오너.

☺ Thank you.
땡-큐.

☺ My pleasure.
마이 플레줘.

> ☺ 실례합니다만, 주유소가 어디에 있습니까?
> ☺ 네, 바로 저 모퉁이 근처에 하나 있습니다.
> ☺ 감사합니다.
> ☺ 천만에요.

(3) 장소 찾기 - 화장실

☺ Wait here for me.
웨잇 히어 포 미.

☺ Where are you going?
웨어 아 유 고잉?

☺ I'm going to the restroom. Could you tell me where it is?
아임 고잉 투 더 뤠스트룸. 쿠-쥬 텔 미 웨어 잇 이즈?

☺ On the other side of the lobby, near the exit.
온 디 아더 싸이드 어브 더 라비, 니어 디 엑시트.

> ☺ 잠깐만 여기서 기다려.
> ☺ 어디 가려고?
> ☺ 화장실에 가려고 해. 화장실이 어디 있지?
> ☺ 출구 근처, 로비 맞은편에 있어.

> **Note**
>
> ● 일반적으로 화장실은 toilet (토일릿), washroom (와쉬룸), restroom (레스트 룸) 등 다양한 표현이 있다. 공용 화장실은 restroom (뤠스트 룸)이라는 표현이 적당하다. 그리고 구체적으로 남자 화장실은 men'sroom (멘스 룸), 여자 화장실은 women'sroom (위민쓰 룸) 이라는 표현을 쓰기도 한다. 영화나 작품 또는 관용어에서 남자 화장실은 John's (존스), 여자 화장실은 Jane's (제인스) 라는 표현을 볼 수 있다.

(4) 장소 찾기 - 호텔

☺ Excuse me, sir. I think I'm lost.
　익쓰큐즈　미, 써. 아이 씽크　아임 로스트.

☺ Where do you want to go?
　웨어　두　유　원 — 투　고우?

☺ I want to go to the Grand Hotel.
　아이 원 — 투　고우 투　더　그랜드　호텔.

☺ It's just a few blocks from here. I'll show you the way.
　잇츠 저스트 어 퓨　블럭쓰　프롬　히어. 아이 쇼우　유　더　웨이.

> ☺ 실례합니다만, 제가 길을 잃은 것 같군요.
> ☺ 어디 가시려는데요?
> ☺ 그랜드호텔에 가려고 합니다.
> ☺ 여기서 몇 블록만 가시면 돼요. 제가 길을 가르쳐 드릴게요.

(5) 장소 찾기 - 관공서

☺ Pardon me, can you tell me where the City Hall is?
　파아든　미, 캔　유　텔 미　웨어　더　씨티　홀 이즈?

Unit 6 길 안내

☺ I'm sorry, but I'm not from around here.
아임 쏘오리, 벗 아임 낫 프롬 어롸운드 히어.

☺ Thanks, anyway.
땡쓰, 에니웨이.

☺ 죄송합니다만, 시청은 어떻게 갑니까?
☺ 죄송하지만, 저도 여기가 처음입니다.
☺ 어쨌든 감사합니다.

(6) 장소 찾기 - 상점

☺ Excuse me.
익쓰큐즈 미.

☺ What can I do for you? (How can I help you?)
왓 캔 아이 두 포 유? 하우 캔 아이 헬프 유?

☺ I'm looking for the shoe shop.
아임 룩킹 포 더 슈우 샵.

☺ Go straight down this street until you come to the second
고우 스트뤠이트 다운 디스 스트릿 언틸 유 컴 투 더 쎄컨드
light. Then turn right. It's on the left. You can't miss it.
라이트. 덴 터언 롸이트. 잇츠 온 더 레프트. 유 캔트 미쓰 잇.
If you want, I'll draw you a map.
이프 유 원트, 아일 드로우 유 어 맵.

☺ Thanks a lot.
땡쓰 얼-랏.

☺ 실례합니다.
☺ 무엇을 도와 드릴까요?
☺ 나는 신발가게를 찾고 있습니다.
☺ 두 번째 신호등까지 쭉 이 길을 따라가세요. 그리고 우회전하세요.
  당신의 왼쪽에 있습니다. 쉽게 찾을 겁니다. 원하시면 지도를 그려드릴게요.
☺ 정말 고맙습니다.

(7) 버스 타기

☺ What time is the last bus to Inchon?
  왓 타임 이즈 더 래스트 버스 투 인천?

☺ At 11:10 p.m.
  앳 일레븐 텐 피엠.

☺ Where can I catch the bus for Inchon?
  웨어 캔 아이 캣취 더 버스 포 인천?

☺ There's a bus stop across the street.
  데어즈 어 버스 스탑 어크로쓰 더 스트릿.

☺ 인천행 막차가 몇 시에 있습니까?
☺ 11시 10분입니다.
☺ 인천으로 가려면 어디서 버스를 타야 하지요?
☺ 길 건너편에 버스 정류장이 있습니다.

(8) 기차 타기

☺ May I help you?
  메이 아이 헬프 유?

☺ Excuse me. What's the best way to get to Busan?
  익쓰큐즈 미. 왓츠 더 베스트 웨이 투 겟 투 부산?

Unit 6 길 안내 89

☺ You should take a train.
   유   슈드   테이크 어 트뤠인.

☺ I see. When does the next train for Busan depart?
   아이 씨이. 웬 더즈 더 넥스트 트뤠인 포 부산 디파아트?

☺ It leaves at 10:20 from track 2.
   잇 리브즈 앳 텐 트웬티 프롬   트랙 투.

☺ Well, I'll have to wait for an hour. Let me have a ticket
   웰, 아일 해브 투 웨잇 포 언 아워. 렛 미   해브 어 티킷
   for 10:20.
   포 텐 트웬티.

☺ Here you are.
   히어   유   아.

☺ 도와드릴까요?
☺ 부산으로 가려면 어떻게 가야 하나요?
☺ 기차를 타시는 게 편하실 겁니다.
☺ 네, 부산행 다음 기차가 언제 있지요?
☺ 승강장 2번에서 10시 20분에 떠납니다.
☺ 1시간은 기다려야겠군요. 10:20 표 한 장 주세요.
☺ 여기 있습니다.

---

(9) 택시 타기

☺ Where can I find a taxi?
   웨어   캔 아이 파인드 어 택시?

☺ Around the corner of that building.
   어롸운드 더   코너 어브 댓   빌딩.
   Oh, wait there is a yellow cab there.
   오, 웨잇 데어 이즈 어 옐로우 캡 데어.

☺ I see. Thanks a lot.
   아이 씨이. 땡쓰   얼 - 랏.

☺ 어디에서 택시를 탈 수 있나요?
☺ 저 건물을 돌아가면 탈 수 있어요. 아, 저기 택시가 있네요.
☺ 알겠습니다. 정말 고맙습니다.

(10) 비행기 타기

☺ I'd like to confirm my ticket for France.
　아이들 라익 투　컨펌　마이　티킷　포　프랜스.

☺ Yes, you have reserved a ticket.
　예스,　유　해브　뤼저브드　어　티킷.

☺ Then, where does the flight leave from?
　덴,　웨어　더즈　더　플라잇　리브　프롬?

☺ Gate number 3.
　게이트　넘버 쓰리.

☺ Thanks.
　땡쓰.

☺ Have a nice trip.
　해브　어　나이스　트립.

☺ 프랑스 편 예약을 확인하고자 합니다.
☺ 네, 표 한 장이 예약되어 있습니다.
☺ 그럼, 어디로 가서 타야 하나요?
☺ 3번 출구입니다.
☺ 고맙습니다.
☺ 좋은 여행 되십시오.

창이와 함께 영어 회화 배우기

교 통
Transportation

(1) 시동 걸기
(2) 주차 하기
(3) 교통법규 위반
(4) 자동차 사고
(5) 새차 구입
(6) 기차에서
(7) 버스에서
(8) 교통 요금
(9) 전철에서
(10) 택시에서
(11) 교통 수단

교 통
Transportation

(1) 시동 걸기

☺ I can't get my car started.
아이 캔트 겟 마이 카 스타티드.

☺ Try again.
트라이 어겐.

☺ My car won't start.
마이 카 온트 스타아트.

☺ Oh well. We had better use a taxi.
오 웰. 위 해드 베터 유즈 어 택시.

☺ 시동이 안 걸려요.
☺ 한번 더 해보세요.
☺ 차가 안 움직여요.
☺ 아이구. 택시 타는 게 낫겠어요.

Note
- 시동을 걸다 get a car started
  겟 어 카 스타티드

(2) 주차하기

☺ I can't find any place to park.
아이 캔트 파인드 에니 플레이스 투 파크.

☺ Today is Saturday, so there are lots of cars here.
투데이 이즈 쌔터데이, 쏘우 데어 아 랏츠 어브 카즈 히어.

☺ I didn't realize what day it was.
아이 디든트 뤼얼라이즈 왓 데이 잇 워즈.

☺ Hurry up, or we'll be late for the movie.
허리 업, 오어 위일 비 레이트 포 더 무비.

☺ Okay.
오우케이.

☺ 주차할 장소가 없네.
☺ 오늘이 토요일이라 여기 차가 많은가 봐.
☺ 난 요일을 생각하지 못했어.
☺ 서둘러, 안 그러면 영화 상영 시간에 늦겠다.
☺ 알았어.

Note

- 주차하다 park(파아크), 주차장 parking lot(파킹 랏) 또는 garage(거롸쥐), parking space(파킹 스페이스), parking zone(파킹 존), 특히 개인 주차장은 garage(거롸쥐)를 많이 쓴다.
주차 금지 표지판 No parking sign (노 파킹 싸인)

(3) 교통 법규 위반

☺ Please, slow down. There is a police car ahead.
플리즈, 슬로우 다운. 데어 이즈어 폴리스 카 어헤드.

☺ I should be careful. I've already got two speeding
아이 슈드 비 케어플. 아이브 얼뤠디 갓 투 스피딩

tickets this mouth.
티킷츠 디스 먼쓰.

☺ Take care.
테이크 케어.

☺ I sure don't want to get another speeding ticket.
아이 슈어 도운트 원 ― 투 겟 어나더 스피딩 티킷.

☺ 속도 줄이세요. 앞에 경찰차가 있어요.
☺ 조심해야겠네요. 이미 이 달에 과속딱지를 두 장이나 뗐거든요.
☺ 조심하세요.
☺ 더 이상 과속 딱지를 떼고 싶진 않네요.

Note
- 속도를 줄이다 slow down (슬로우 다운) / 속도를 올리다 speed up (스피드 업)
- 주차 위반 딱지 parking ticket (파킹 티켓)
- 과속 딱지 speeding ticket (스피딩 티켓)

(4) 자동차 사고

☺ Why were you late?
와이 워 유 레이트?

☺ I had a car accident in the intersection.
아이 해드 어 카 액씨던트 인 디 인터쎅션.

☺ I can't believe it. Are you alright?
아이 캔트 빌리브 잇. 아 유 올롸잇?

☺ I'm alright, but I'd like to see a doctor.
아임 올롸잇, 벗 아이들 라익 투 씨이 어 닥터.

☺ Please take care of yourself.
플리즈 테이크 케어 어브 유어쎌프.

☺ 왜 지각했어요?
☺ 교차로에서 차 사고가 났어요.
☺ 믿을 수가 없군요. 당신 괜찮아요?
☺ 괜찮지만, 병원에 가야 할 것 같아요.
☺ 조심하세요.

Note

● 차 사고 나다 have a car accident. (해브 어 카 액씨던트.)
　펑크나다 have a flat tire. (해브 어 플랫 타이어.)

---

(5) 새차 구입

☺ I heard you bought a new car.
아이 허드 유 버-트 어 뉴 카.

☺ Yes I did. I think I got a good deal.
예스 아이 디드. 아이 씽크 아이 갓 어 굿   딜.

☺ How did you get it?
하우 디 - 쥬 겟 잇?

☺ My brother is a car salesman.
마이 브라더 이즈 어 카 쎄일즈맨.

☺ Then, how about your old car?
　　덴,　　하우　어바웃　유어　올드　카?

☺ I sold it to my sister.
　아이 쏘울드 잇 투 마이 씨스터.

☺ 새 차 샀다고 들었어.
☺ 응. 좋은 가격에 잘 샀어.
☺ 어떻게 샀는데?
☺ 우리 형이 세일즈맨이거든.
☺ 그럼, 이전 차는 어떻게 됐어?
☺ 여동생에게 넘겼어.

Note

- 좋은 조건이나 가격에 사다 it's a good buy. (잇츠 어 굿 바이.)
  또는 it's a good deal. (잇츠 어 굿 딜.)
  새차 a new car (어 뉴 카) / 중고차 a used car (어 유즈드 카)
  또는 a second-hand car (어 세컨-핸드 카)

---

(6) 기차에서

☺ This train does not stop at Daegu.
　디스 트뤠인 더즈 낫 스탑 앳 대구.

　Passengers for Daegu Please change at Daejeon junction.
　페신져스　　포　대구　플리즈　체인쥐　앳　대전　　정션.

　The train for Daegu is on track 3.
　더 트뤠인 포 대구 이즈 온 트랙 쓰리.

　It has a dining car. Have a nice trip.
　잇 해즈 어 다이닝 카.　해브 어 나이스 트립.

☺ Pardon me. Could you repeat the track number for Daegu?
　파아든　미.　쿠 — 쥬　뤼피이트 더　트랙　넘버　포　대구?

☺ Yes, It's track 3.
　예스, 잇츠 트랙 쓰리.

> ☺ 이 기차는 대구에서 정차하지 않습니다.
> 　대구로 가시는 승객들은 대전에서 갈아타 주세요.
> 　대구행 기차는 3번 승강장에서 타세요. 그리고 식당 칸도 있습니다.
> 　좋은 여행 되십시오.
> ☺ 죄송하지만, 몇 번 승강장이라고 하셨나요?
> ☺ 3번입니다.

(7) 버스에서

☺ Does this bus go to Dongdaemun?
　더즈　디스　버스　고우　투　　　동대문?

☺ No, Sir. You have the wrong bus.
　노우, 써.　유　해브　더　륑　버스.

☺ What should I do? I have no idea where I am.
　왓　슈드　아이 두? 아이 해브　노우 아이디어　웨어　아이 앰.

☺ You have to change bus number 25.
　유　해브　투　체인쥐　버스　넘버　트웬티파이브.

☺ I see. I'll get off at the next stop.
　아이 씨이. 아일 겟 오프 앳　더　넥스트　스탑.

> ☺ 이 버스가 동대문 가는 버스인가요?
> ☺ 아니오. 손님 잘못 타셨어요.
> ☺ 어떻게 해야 하지요? 여기가 어디인지를 잘 모르겠어요.
> ☺ 25번 버스로 갈아타세요.
> ☺ 알겠어요. 다음 정류장에서 내릴게요.

> **Note**
> - 버스를 잘못 타다 have the wrong bus (해브 더 륑 버스)
> - 버스를 놓치다 miss the bus (미쓰 더 버스)
> - 버스를 잡다, 타다 catch the bus 또는 make the bus
>   캐취 더 버스   메이크 더 버스
> - (동작에서) 버스를 타다 get on / 버스를 내리다 get off
>   겟 온   겟 오프

(8) 교통 요금

☺ How much is the fare from Seoul to Suwon?
하우 머취 이즈 더 페어 프롬 서울 투 수원?

☺ It's 1400 won, please.
잇츠 원 싸우전드 앤드 포어 헌드레드 원, 플리즈.

☺ Can I use this token?
캔 아이 유즈 디스 토큰?

☺ No, Sir. That is for the local bus.
노우, 써. 댓 이즈 포 더 로우컬 버스.

☺ I see. Then I'll pay in cash.
아이 씨이. 덴 아일 페이 인 캐쉬.

☺ 서울에서 수원까지 요금이 얼마입니까?
☺ 1400원입니다.
☺ 이 토큰도 받나요?
☺ 아니오, 손님. 그것은 일반버스에만 쓰는 것입니다.
☺ 알겠어요. 그럼 현금으로 내지요.

> **Note**
> - 대중교통 요금 또는 운임 fare(페어) / charge(차아쥐)
> - 버스 토큰 token(토큰) / 동전 coin(코인) / 지폐 bill(빌)

(9) 전철에서

☺ What is the next stop?
왓 이즈 더 넥스트 스탑?

☺ It's Sadang.
잇츠 사당.

☺ Can I change the red line there?
캔 아이 췌인쥐 더 뤠드 라인 데어?

☺ No. In Sadang, there is the blue line.
노우. 인 사당, 데어 이즈 더 블루 라인.

☺ Then, how can I get to the red line?
덴, 하우 캔 아이 겟 투 더 뤠드 라인?

☺ You can change the red line at Sindorim.
유 캔 췌인쥐 더 뤠드 라인 앳 신도림.

☺ Thank you very much.
땡ㅡ큐 붸뤼 머취.

☺ 다음 역은 어디입니까?
☺ 사당역입니다.
☺ 사당에서 1호선으로 갈아탈 수 있나요?
☺ 아니오. 사당에는 4호선이 있습니다.
☺ 그럼, 1호선은 어떻게 타야 하나요?
☺ 신도림에서 갈아탈 수 있습니다.
☺ 정말 고맙습니다.

(10) 택시에서

☺ Where can I take you?
   웨어   캔 아이 테이크 유?

☺ City Hall, Please.
   씨티 홀,   플리즈.

   How long does it take to get there?
   하울 – 롱   더즈 잇 테익 투 겟   데어?

☺ It usually takes about 20 minutes,
   잇 유주얼리 테익스 어바웃 트웬티 미닛츠,

   but the road is crowded with cars right now.
   벗 더 로우드 이즈 크롸우디드   위드 카아즈 롸잇   나우.

☺ 어디로 모셔다 드릴까요?
☺ 시청입니다. 거기까지 가는 데 얼마나 걸리죠?
☺ 보통 약 20분 정도 걸리는데요, 지금은 길이 막히는군요.

Note

● 택시를 탔을 경우 운전기사가 어디에 갈 것인지 물을 때

   Where can I take you? (어디로 모실까요?)
   웨어   캔 아이 테이크 유?

   Where do you want to go?
   웨어   두 유   원 – 투 고우?

   Where are you going to go?
   웨어 아 유   고잉 투 고우?

● 택시 운전사가 "도착했습니다" 라고 할 때

   Here we are.
   히어 위 아.

(11) 교통 수단

☺ How are you getting to Seoul tomorrow?
　하우　아　유　겟팅　투　서울　투머로우?

☺ I am going by train.
　아이 앰　고잉　바이　트뤠인.

☺ That costs too much. How about going by express bus?
　댓　코스츠　투　머취.　하우　어바웃　고잉　바이　익쓰프레스 버스?

☺ That's a good idea. but I think the highway is going
　댓츠 어　굿　아이디어.　벗 아이 씽크　더　하이웨이 이즈 고잉
to be crowded with cars.
투 비　크롸우디드　위드　카아즈.

☺ 내일 서울에 어떻게 가실 건가요?
☺ 기차로 갈 예정입니다.
☺ 비싸요. 직행버스를 타는 게 어떨까요?
☺ 좋은 생각이에요. 하지만 고속도로는 차 때문에 막힐 것 같아요.

Note

● 버스 타고 가다　go by bus 또는 go on a bus
　　　　　　　　고우 바이 버스　　　고우 온 어 버스

　기차 타고 가다　go by train 또는 go on a train
　　　　　　　　고우 바이 트뤠인　　고우 온 어 트뤠인

　택시 타고 가다　go by taxi 또는 go in a taxi
　　　　　　　　고우 바이 택씨　　고우 인 어 택씨

　여기에서 교통, 통신 수단은 [by + 무관사 단수명사] 형태로 그리고 [in + a 단수명사(또는 복수명사)] 형태로 사용한다.

● 버스 타고 가다　go on foot　(고우 온 풋)
　말을 타고 가다　go on horseback　(고우 온 호스백)

창이와 함께 영어 회화 배우기

주유소
At the Gas Station

(1) 주유소 찾기
(2) 기름 넣기
(3) 타이어 교환
(4) 차 고장
(5) 차 점검

주유소
At the Gas Station

(1) 주유소 찾기

☺ How far is it to the next gas station?
하우 파 이즈잇 투 더 넥스트 개스 스테이션?

☺ Why? What's up?
와이 왓츠 업?

☺ My tank is low.
마이 탱크 이즈 로우.

☺ It is probably about 2km. Any gas left in the car?
잇 이즈 프라버블리 어바웃 투킬로미터쓰. 에니 개스 레프트 인 더 카?

☺ A little.
어 리틀.

☺ We have to fill up the tank….
위 해브 투 필 업 더 탱크….

☺ 다음 주유소까지는 얼마나 가야 되니?
☺ 왜? 무슨 일인데?
☺ 기름이 없어.
☺ 아마 2 킬로미터는 가야 할 거야. 차에 기름이 좀 남았니?
☺ 약간.
☺ 연료를 채워야겠는데….

(2) 기름 넣기

☺ Do you want regular or super?
　두 유　 원트　 뤠귤러　 오어　 수퍼?

☺ Regular.
　뤠귤러.

☺ How much do you want?
　하우　 머취　 두　 유　 원트?

☺ Fill up the tank, and please check the oil.
　필 업　 더　 탱크, 앤드　 플리즈　 체크　 디　 오일.

> ☺ 보통 아니면 수퍼로 넣어드릴까요?
> ☺ 보통으로 주세요.
> ☺ 얼마나 넣을까요?
> ☺ 가득 채워 주시고, 오일 점검도 해 주세요.

Note

- 휘발유 gasoline(개솔린), 또는 gas(개스)
- 주유소 gas station(개스 스테이션) 또는 filling station(필링 스테이션)
  무연 unleaded(언레디드) / 기름을 채우다 fill the tank(필 더 탱크)

(3) 타이어 교환

☺ My car seems to have a flat tire.
　마이　 카　 씸즈　 투　 해브　 어　 플랫　 타이어.

☺ Please step out of the car. I'll check it.
　플리즈　 스텝　 아웃 어브　 더　 카. 아일　 체크　 잇.

☺ Oh, man! I am running a little late.
　오, 맨! 아이 앰 뤄닝 어 리틀 레이트.

☺ Sorry, but the tire needs changing.
　쏘오리, 벗 더 타이어 니즈 체인쥥.

☺ Okay, but hurry up, please.
　오우케이, 벗 허뤼 업, 플리즈.

> ☺ 내 차에 펑크가 난 것 같아요.
> ☺ 차에서 내리세요. 점검해 보겠습니다.
> ☺ 아이구! 아무래도 늦겠군요.
> ☺ 미안하지만, 타이어를 갈아야 하는데요.
> ☺ 알았어요. 서둘러 주세요.

(4) 차 고장

☺ Do you know what happened to me last night?
　두 유 노우 왓 해픈드 투 미 래스트 나잇?

☺ What?
　왓?

☺ My car broke down at the gas station.
　마이 카 브로크 다운 앳 더 개스 스테이션.

☺ Really? But it was lucky to find the problem there.
　뤼얼리? 벗 잇 워즈 럭키 투 파인드 더 프라블럼 데어.

☺ That's true.
　댓츠 트루.

☺ Are you all right?
　아 유 올 롸잇?

☺ Yes, thanks.
　예스, 땡쓰.

☺ What was the problem?
　왓 워즈 더 프라블럼?

☺ The battery was dead.
더 배터리 워즈 데드.

☺ 어제 밤에 무슨 일이 있었는지 아니?
☺ 무슨 일인데?
☺ 주유소에서 내 차가 고장이 났어.
☺ 정말? 주유소에서 그 문제가 발견된 건 정말 행운이구나.
☺ 나도 그렇게 생각해.
☺ 너 괜찮니?
☺ 그래, 고마워.
☺ 뭐가 문제였는데?
☺ 배터리가 나갔어.

(5) 차 점검

☺ Can I check the oil for you, sir?
캔 아이 첵 - 디 오일 포 유, 써?

☺ Yes, please.
예스, 플리즈.

☺ How about the radiator?
하우 어바웃 더 뤠디에이터?

☺ Thanks a lot.
땡쓰 얼 - 랏.

☺ Then, I'll check the brakes.
덴, 아일 첵 - 더 브뤠익스.

☺ Thanks again.
땡쓰 어겐.

☺ 오일 점검을 해드릴까요?
☺ 네.
☺ 라디에이터도 점검해 드릴까요?
☺ 감사합니다.
☺ 그리고 브레이크도 점검해 드리죠.
☺ 다시 한 번 감사드립니다.

창이와 함께 영어 회화 배우기

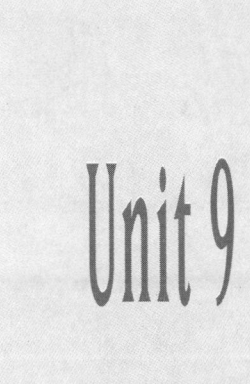

쇼 핑
Shopping

(1) 쇼핑 가기
(2) 가게에서
(3) 색깔 고르기
(4) 치수 고르기
(5) 물건 사기
(6) 요금 지불
(7) 물건 교환
(8) 환불하기

 쇼핑
Shopping

(1) 쇼핑 가기

☺ How about going shopping?
　하우　어바웃　고잉　샤핑?

☺ That sounds good, but….
　댓　싸운즈　굿, 벗….

☺ What's the problem?
　왓츠　더　프라블럼?

☺ I'm broke.
　이임　브로우크.

☺ Don't worry. I've got money.
　도운트　워리. 아이브 갓　머니.

☺ 쇼핑 가는 게 어때?
☺ 좋은 생각이야, 하지만….
☺ 뭐가 문제인데?
☺ 돈이 없어.
☺ 걱정 마. 봉급을 받았거든.

> **Note**
> ● be broke (비 브로우크)는 "돈이 없는, 빈털터리의 또는 돈이 떨어진" 이라는 의미로 쓰인다.
> I'm broke. / I'm out of money. / I have no money.
> 아임 브로우크. / 아임 아웃 어브 머니. / 아이 해브 노우 머니.

(2) 가게에서

☺ May I help you?
　메이 아이 헬프　유?

☺ Yes, I'm looking for a blouse.
　예스, 아임　룩킹　포 어 블라우스.

☺ How about this style?
　하우　어바웃 디스 스타일?

☺ I don't like it.
　아이 도운트 라이크 잇.

☺ What about this one?
　왓　어바웃 디스　원?

☺ No thank you. I'd like to look around.
　노우　땡-큐.　아이들-라익 투　룩　어롸운드.

> ☺ 도와드릴까요?
> ☺ 예, 블라우스를 하나 사려고 해요.
> ☺ 이 스타일은 어때요?
> ☺ 별로인데요.
> ☺ 이것은 어때요?
> ☺ 됐습니다. 둘러보겠습니다.

> **Note**
> ● 여기저기를 둘러보다 또는 구경하다.
> look around (룩 어롸운드) 또는 browse (브롸우즈)

(3) 색깔 고르기

☺ What color do you like best, ma'am?
　 왓　　컬러　두　유　라이크　베스트,　맴?

☺ Well, I'm not sure.
　 웰,　아임　낫　슈어.

☺ How about blue?
　 하우　어바웃　블루?

☺ No, thanks. Can I try that pink blouse on?
　 노우,　땡쓰.　캔 아이 트라이 댓　핑크　블라우스　온?

☺ Sure. The dressing room is over there.
　 슈어.　더　드뤠씽　룸　이즈　오버　데어.

☺ 손님, 어떤 색을 제일 좋아하세요?
☺ 글쎄요.
☺ 파란 색은 어떠세요?
☺ 됐습니다. 저 핑크색 한 번 입어 봐도 될까요?
☺ 물론이죠. 저기에 갈아입는 곳이 있습니다.

Note

- 옷을 갈아입어 볼 수 있는 곳
  changing room / dressing room / fitting room
  　췌인쥥　　룸　　　드뤠씽　　룸　　　핏팅　　룸

- 색 종류
  white / red / yellow / brown / dark brown / black
  　와이트　뤠드　옐로우　브롸운　다크 브롸운　블랙

  pink / dark blue / navy-blue / violet / orange / purple / green
  　핑크　다크 블루　네이비 블루　봐이올릿　오린쥐　퍼플　그륀

Unit 9 쇼핑

(4) 치수 고르기

☺ What size do you wear?
왓 싸이즈 두 유 웨어?

☺ I don't know.
아이 도운트 노우.

☺ We have small, medium, large and X-large.
위 해브 스몰, 미디엄, 라아쥐 앤드 엑스-라아쥐.

☺ I'll try medium.
아일 트라이 미디엄.

☺ It's too small.
잇츠 투 스몰.

☺ Can I try the large size on then?
캔 아이 트라이 더 라아쥐 싸이즈 온 덴?

☺ Of course.
어브 코어스.

☺ 어떤 치수를 원하세요?
☺ 제 치수를 몰라요.
☺ 소, 중, 대, 초대형 치수가 있습니다.
☺ 중 크기로 입어 볼게요.
☺ 너무 작군요.
☺ 큰 치수로 입어 봐도 될까요?
☺ 물론이죠.

---

(5) 물건 사기

☺ How is it?
하우 이즈 잇?

☺ I think that this fits me.
아이 씽크 댓 디스 핏츠 미.

☺ You look good.
　　유　룩　굿.

☺ Thank you.
　　땡-큐.

☺ You're welcome. This jacket goes well with your skirt.
　　유어　　웰컴.　　디스　재킷　고우즈　웰　위드　유어　스커트.

☺ I'll take this one.
　　아일 테이크 디스　원.

> ☺ 어때 보여요?
> ☺ 맞는 것 같아요.
> ☺ 정말 좋아 보여요.
> ☺ 감사합니다.
> ☺ 천만에요. 이 웃옷은 당신 치마와 정말 잘 어울립니다.
> ☺ 이걸로 사겠습니다.

(6) 요금 지불

☺ I'll take this one. How much is it?
　　아일 테이크 디스　원.　　하우　　머취　이즈 잇?

☺ It's 70,000won.
　　잇츠　쎄븐티 싸우젼드 원.

☺ It's too expensive.
　　잇츠 투　　익스펜씨브.

☺ This is our top-of-the-line model.
　　디스 이즈 아워　탑-어브-더-라인　　마들.

☺ Do you think you could give me a little discount?
　　두　유　씽크　유　쿠드　기브　미 어　리틀　디스카운트?

☺ I guess so. I'll give you a 10% discount.
　　아이 게쓰 쏘우. 아일　기브　유 어　텐 퍼센트 디스카운트.

☺ Great.
　　그뤠잇.

☺ 이걸로 하겠습니다. 가격이 얼마예요?
☺ 7만원입니다.
☺ 너무 비싸요.
☺ 이것은 우리 가게의 최신 상품이에요.
☺ 조금 할인해 주시면 안 돼요?
☺ 좋아요. 10% 할인해 드리죠.
☺ 좋아요.

(7) 물건 교환

☺ I'd like to exchange this shirt.
　아이들-라익 투 익쓰췌인쥐　디스 셔츠.

☺ What's the problem?
　왓츠　더　프라블럼?

☺ It's too small for my husband.
　잇츠 투　스몰　포　마이　허즈번드.

☺ What size do you want?
　왓 싸이즈 두 유　원트?

☺ I need a large.
　아이 니드 어 라아쥐.

☺ I see. Please come this way.
　아이 씨이. 플리즈　컴　디스 웨이.

☺ 이 셔츠를 교환하고자 합니다.
☺ 무엇이 문제인가요?
☺ 남편에게 치수가 너무 작아요.
☺ 어떤 치수가 필요하세요?
☺ 라지로 주세요.
☺ 알겠습니다. 이쪽으로 오세요.

(8) 환불하기

☺ May I help you?
메이 아이 헬프 유?

☺ Yes, please. I bought this here yesterday.
예스, 플리즈. 아이 버-트 디스 히어 예스터데이.

☺ What's wrong?
왓츠 륑?

☺ You said I could get a refund if there was a problem
유 쎄드 아이 쿠드 겟 어 뤼펀드 이프 데어 워즈 어 프라블럼
with it.
위드 잇.

☺ Yes.
예스.

☺ There is a hole right here.
데어 이즈 어 홀 롸잇 히어.

☺ Let me see it. Oh. I'm so sorry.
렛 미 씨이 잇. 오. 아임 쏘우 쏘우리.

☺ Could I have a refund on this.
쿠드 아이 해브 어 뤼펀드 온 디스.

☺ Of course.
어브 코어스.

☺ 도와드릴까요?
☺ 예. 어제 여기에서 이것을 샀었어요.
☺ 그런데요?
☺ 문제가 있으면 환불할 수 있다고 했지요?
☺ 예.
☺ 여기 구멍이 있습니다.
☺ 한번 보겠습니다. 정말 죄송합니다.
☺ 그러면 환불받을 수 있겠지요?
☺ 물론이지요.

Note

- 알아두면 좋은 상식
  "옷을 입다"라는 표현에는 put on(풋 온)을 많이 사용한다. 조심할 것은 put on(풋 온)은 옷을 입는 동작을 강조하는 경우에 주로 쓰이고, 입고 있는 상태를 말할 때는 wear(웨어)라는 동사를 사용한다.

- put on(풋 온)은 단지 옷뿐만 아니라 shoes(슈즈), scarf(스카프), gloves(글러브즈) 등에 모두 사용할 수 있다.
  Put on your shoes. / Put on a red scarf. / Put on the gloves.
  풋 온 유어 슈즈.   풋 온 어 뤠드 스카프.   풋 온 더 글러브즈.

- wear(웨어)는 몸에 두르는 것, 또는 glasses(글래시즈), jewelry(쥬얼리), watch(왓취), ring(륑), perfume(퍼퓸) 등에 사용할 수 있다.
  She wears glasses. / She wears a blue suit.
  쉬 웨어즈 글래시즈.   쉬 웨어즈 어 블루 슈트.

  She wears perfume.
  쉬 웨어즈 퍼퓸.

- for sale (포 세일) 팔려고 내놓은
  on sale (온 세일) 할인 판매하는
  on the market (온 더 마킷) 시장에 내놓은 또는 팔려고 내놓은

- gift certificate (기프트 써티피케이트) 상품권
  giveaway (기브어웨이) 경품
  coupon (쿠-폰) 할인권.

창이와 함께 영어 회화 배우기

Unit 10

식 당
In the Restaurant

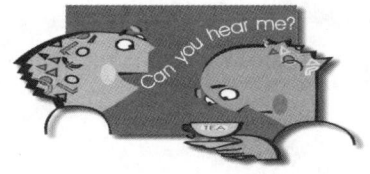

(1) 예약

(2) 예약 확인

(3) 자리 찾기

(4) 주문하기

(5) 식사하기

(6) 계산하기

(7) 포장 요구

(8) 패스트 푸드점에서

(9) Take Out

식 당
In the Restaurant

(1) 예약

☺ Good morning. How can I help you?
굿   모닝.   하우 캔 아이 헬프 유?

☺ Yes. I'd like to reserve a table for three.
예스. 아이들-라익 투   뤼저브   어 테이블 포   쓰리.

☺ What time would you like to dine?
왓   타임   우-줄-라익   투 다인?

☺ At 5 p.m.
앳 파이브 피앰.

☺ Give me your name, please.
기브 미   유어   네임,   플리즈.

☺ Chang-ho Yim.
창-호   임.

☺ Do you want the smoking section or the
두 유   원트   더   스모킹   쎅션   오어 더
non-smoking section?
난   스모킹   쎅션?

☺ The non-smoking section, please.
더 난   스모킹   쎅션,   플리즈.

☺ 안녕하십니까? 무엇을 도와드릴까요?
☺ 세 명분의 자리 하나 예약하려고 합니다.

☺ 몇 시로 할까요?
☺ 오후 5시입니다.
☺ 성함을 말씀해 주세요.
☺ 임창호입니다.
☺ 흡연석으로 드릴까요, 금연석으로 드릴까요?
☺ 금연석으로 주세요.

(2) 예약 확인

☺ Good evening. May I help you?
굿   이브닝.   메이 아이 헬프   유?

☺ Yes, I have a reservation.
예스, 아이 해브 어   뤠저베이션.

☺ What's your name?
왓츠   유어   네임?

☺ Chang-ho Yim.
창-호   임.

☺ Yes, here's your reservation. This way, please.
예스,   히어즈   유어   뤠저베이션.   디스   웨이,   플리즈.

☺ Thanks.
땡쓰.

☺ 안녕하세요? 뭘 도와드릴까요?
☺ 예, 예약을 했는데요.
☺ 성함이 어떻게 되시죠?
☺ 임창호입니다.
☺ 예, 예약이 되어 있습니다. 이쪽으로 오십시오.
☺ 감사합니다.

> **Note**
> - 예약하다 make a reservation 또는 reserve, book
>   메이크 어 뤠저베이션   뤼저브, 북
> - 예약이 되어 있다 have a reservation
>   해브 어 뤠저베이션

(3) 자리 찾기

☺ May I help you?
　메이 아이 헬프　유?

☺ Yes, please. We would like a table but we don't
　예스,　플리즈.　위 우들-라이크 어 테이블 벗 위 도운트
　have a reservation.
　해브 어　뤠저베이션.

☺ How many are there in your party?
　하우　메니　아　데어 인 유어　파아티?

☺ Three. We'd like a table near the window.
　쓰리.　위들-라이크 어 테이블　니어　더　윈도우.

☺ Wait a moment, please.
　웨잇 어　모먼트,　플리즈.

☺ 도와드릴까요?
☺ 예, 예약을 안했는데요.
☺ 일행이 몇 분입니까?
☺ 세 명입니다. 창가 쪽 자리로 앉고 싶은데요.
☺ 잠시 기다려 주십시오.

(4) 주문하기

☺ May I take your order?
　　메이 아이 테이크 유어 오더?

☺ Yes, we'd each like a steak.
　　예스, 위드 이치 라이크 어 스테이크.

☺ How would you like your steak?
　　하우 우-줄-라이크 유어 스테이크?

☺ Well-done, please.
　　웰-던, 플리즈.

☺ How about dessert?
　　하우 어바웃 디저어트?

☺ Hum. What kinds of desserts do you have?
　　흠. 왓 카인즈 어브 디저어츠 두 유 해브?

☺ Pie, ice cream and coffee.
　　파이, 아이스 크림 앤드 커피.

☺ I'll have a cup of coffee.
　　아일 해브 어 컵 어브 커피.

☺ 주문하시겠습니까?
☺ 예, 각각 스테이크로 하겠어요.
☺ 어떻게 요리해 드릴까요?
☺ 잘 익혀 주세요.
☺ 후식은 무엇으로 하시겠습니까?
☺ 음, 어떤 종류가 있나요?
☺ 파이, 아이스 크림 그리고 커피가 있습니다.
☺ 커피로 주세요.

> **Note**
>
> ● 주문하시겠어요?
>
> May I take your order? / Are you ready to order?
> 메이 아이 테이크 유어 오더? / 아 유 뤠디 투 오더?
>
> Would you like to order?
> 우-줄-라익 투 오더?

(5) 식사하기

☺ Help yourself.
　헬프　　유어쎌프.

☺ Thanks.
　땡쓰.

☺ Would you please pass me the salt?
　우 - 쥬　　플리즈　패스　미　더　쏘울트?

☺ Here you go.
　히어　유　고우.

☺ This is delicious.
　디스 이즈　딜리셔스.

☺ Yes, the meat is very tasty.
　예스, 더　밋　이즈　붸뤼　테이스티.

☺ 어서 드세요.
☺ 감사합니다.
☺ 소금 좀 건네주시겠습니까?
☺ 여기 있어요.
☺ 이 음식 맛있네요.
☺ 네, 고기가 매우 맛있어요.

(6) 계산하기

☺ Please bring me the check.
  플리즈 브링 미 더 첵.

☺ Here you are.
  히어 유 아.

☺ How much is it?
  하우 머취 이즈 잇?

☺ It's 30,000won.
  잇츠 써티싸우전드 원.

☺ O.K.
  오우케이.

● Let me cover the check, today.
  렛 미 커버 더 첵, 투데이.

☺ No, that's O.K. I'll get it.
  노우, 댓츠 오우케이. 아일 겟 잇.

● No, it's my turn tonight.
  노우, 잇츠 마이 터언 투나잇.

☺ Well, okay. Thank you.
  웰, 오우케이. 땡-큐.

☺ 계산서 좀 가져다 주세요.
☺ 여기 있습니다.
☺ 얼마입니까?
☺ 3만 원입니다.
☺ 알겠어요.
● 오늘은 내가 계산하겠습니다.
☺ 아니에요, 됐습니다. 제가 계산할게요.
● 아니에요, 오늘은 내가 낼 차례입니다.
☺ 그렇다면 그렇게 하세요. 감사합니다.

> **Note**
> - 계산서 check 또는 bill
> - 계산을 치르다
>
>   pay the check / cover the bill / run a tab / pick up the check
>   페이 더 . 첵 / 커버 더 빌 / 뤈 어 탭 / 픽 업 더 첵

(7) 포장 요구

☺ I enjoyed this food.
  아이 인조이드 디스 푸드.

☺ Me too.
  미 투.

☺ Then, why didn't you finish your meal?
  덴, 와이 디든트 유 피니쉬 유어 밀?

☺ I am on a diet.
  아이 앰 온 어 다이어트.

☺ I see. You're watching your weight.
  아이 씨이. 유어 와칭 유어 웨이트.

☺ Waiter, could you bring me a to-go bag for me?
  웨이터, 쿠-쥬 브링 미 어 투-고우 백 포 미?

☺ Yes, sir.
  예스, 써.

☺ 정말 잘 먹었어요.
☺ 저두요.
☺ 그런데 왜 남기셨어요?
☺ 다이어트 중이거든요.
☺ 알겠어요. 체중에 신경 쓰시는군요.
☺ 웨이터, 남은 음식을 포장해 주시겠습니까?
☺ 네, 그러죠.

> **Note**
> • 식당에서 남은 음식을 싸는 봉투 **doggy bag** (더기 백)

(8) 패스트 푸드점에서

☺ May I help you?
   메이 아이 헬프 유?

☺ I'd like a Hamburger and a Coke.
   아이들-라이크 어 햄버거 앤드 어 코크.

☺ And french fries?
   앤드 프랜치 프롸이스?

☺ No, thanks.
   노우, 땡쓰.

☺ That'll be 4 dollars and 50 cents.
   댓일 비 포어 달러즈 앤드 핍티 쎈츠.

☺ May I have a receipt?
   메이 아이 해브 어 뤼씨트?

☺ Of course. Here you are.
   어브 코어스. 히어 유 아.

☺ 도와드릴까요?
☺ 햄버거 하나와 콜라 한 잔 주세요.
☺ 감자 튀김을 드시겠어요?
☺ 괜찮습니다.
☺ 4달러 50센트입니다.
☺ 영수증 주시겠어요?
☺ 물론이죠. 여기 있습니다.

(9) Take Out

☺ What can I get for you?
   왓 캔 아이 겟 포 유?

☺ I'd like two Hamburgers and two Cokes.
   아이들-라이크 투   햄버거스   앤드 투 콕스.

☺ For here or to go?
   포   히어 오어 투 고우?

☺ To go, please.
   투 고우, 플리즈.

☺ 무엇을 드릴까요?
☺ 햄버거 두 개와 콜라 두 잔 주세요.
☺ 여기서 드실 건가요? 가지고 갈 건가요?
☺ 싸 주세요.

Note
- 싸 가지고 가다 something to go (썸씽 투 고우)
- 포장하다 to take out (투 테이크 아웃)

창이와 함께 영어 회화 배우기

Unit 11

술 집
In the Bar

(1) 맥주 주문하기
(2) 칵테일 주문하기
(3) 위스키 주문하기
(4) 동석하기
(5) 술 권하기
(6) 음악 신청하기

Unit 11 술집
In the Bar

(1) 맥주 주문하기

☺ **What would you like to drink?**
왓 우-줄-라익 투 드링크?

☺ **A draft beer, please.**
어 드래프트 비어, 플리즈.

☺ **Light or dark?**
라이트 오어 다아크?

☺ **Dark.**
다아크.

> ☺ 무엇을 마시겠습니까?
> ☺ 생맥주로 마시겠습니다.
> ☺ 보통 아니면 흑맥주로 하시겠습니까?
> ☺ 흑맥주로 주세요.

(2) 칵테일 주문하기

☺ **What would you like to drink?**
왓 우-줄-라익 투 드링크?

☺ **I'd like a Gin and Tonic.**
아이들-라이크 어 진 앤드 토닉.

☺ Then, I'd like to drink a Martini.
  덴, 아이들-라익 투 드링크 어 마티니.

☺ I've never had a Martini. What does it taste like?
  아이브 네버 해드 어 마티니. 왓 더즈 잇 테이스트 라이크?

☺ It tastes good.
  잇 테이스티즈 굿.

☺ Maybe, I'll try one later.
  메이비, 아일 트라이 원 레이터.

☺ 무엇으로 마시겠습니까?
☺ 진토닉으로 하겠습니다.
☺ 그러면 저는 마티니 한 잔 하겠습니다.
☺ 전 마티니를 맛보지 못했어요. 맛이 어때요?
☺ 좋아요.
☺ 나중에 한번 마셔 보겠습니다.

(3) 위스키 주문하기

☺ What would you like to drink? How about beer?
  왓 우-줄-라익 투 드링크? 하우 어바웃 비어?

☺ No, thanks. Let's drink something stronger.
  노우, 땡쓰. 렛츠 드링크 썸씽 스트롱거.

☺ Great. What about whisky on the rocks?
  그뤠잇. 왓 어바웃 위스키 온 더 롹스?

☺ I'd like a Scotch straight up.
  아이들-라이크 어 스카취 스트뤠이트 업.

☺ 무엇으로 마시겠습니까? 맥주는 어때요?
☺ 됐어요. 좀 강한 술을 마십시다.
☺ 좋아요. 얼음 넣은 맨해튼 어때요?
☺ 난 스카치 스트레이트로 하겠습니다.

Note
- 위스키(Whisky)에 얼음을 넣은 경우는 on the rocks(온 더 롹스)를 넣지 않은 경우는 straight up(스트레이트 업)을 사용한다.

(4) 동석하기

☺ Would you like to join us?
　우-쥴-라익　투　조인 어스?

☺ Well… O.K. How many are there in your party?
　웰…　오우케이.　하우　메니　아　데어　인　유어　파아티?

☺ Just two.
　저스트 투.

☺ Same with our party. Hopefully we'll have a good
　쎄임　위드　아워　파아티.　호풀리　위일　해브 어　굿
　time tonight.
　타임　투나잇.

☺ 우리와 동석하시겠습니까?
☺ 글쎄요, 좋아요. 일행이 몇 명인가요?
☺ 두 명뿐입니다.
☺ 우리도 두 명이에요. 오늘 밤 좋은 시간을 보낼 것 같군요.

(5) 술 권하기

☺ How about another drink?
  하우 어바웃 어나더 드링크?

☺ No, thanks. I don't want to be hungover.
  노우, 땡쓰. 아이 도운트 원-투 비 헝오버.

☺ I see. I'd like a refill.
  아이 씨이. 아이들-라이크 어 뤼필.

> ☺ 한 잔 더 하시겠습니까?
> ☺ 됐습니다. 숙취 때문에 안 되겠어요.
> ☺ 알겠어요. 난 한 잔 더 하겠습니다.

(6) 음악 신청하기

☺ This wine tastes good and the music is good, too.
  디스 와인 테이스티즈 굿 앤드 더 뮤직 이즈 굿, 투.

☺ What song is it?
  왓 쏭 이즈 잇?

☺ 'Good-bye.' It is the title song from the Korean movie
  '굿바이.' 잇이즈 더 타이틀 쏭 프롬 더 코리언 무비
  "Promise."
  "프라미스."

☺ Very good.
  베리 굿.

☺ Then, I'll requst a song for you.
  덴. 아일 뤼퀘스트 어 쏭 포 유.

☺ Really? I want to hear "I Will Always Love You."
  뤼얼리? 아이 원-투 히어 "아이 윌 올웨이즈 러브 유."

☺ Oh! The title song from the movie "The Bodyguard."
  오! 더 타이틀 쏭 프롬 더 무비 " 더 바디가아드."

☺ That's right.
　댓츠　롸잇.

☺ 포도주 맛도 좋고 음악도 좋습니다.
☺ 무슨 노래죠?
☺ '굿바이' 입니다. 한국 영화 "약속"의 주제곡이기도 합니다.
☺ 정말 좋군요.
☺ 그러면, 제가 곡을 하나 신청하지요.
☺ 정말이요? "나는 당신을 언제까지나 사랑할 거예요"라는 곡을 듣고 싶어요.
☺ 오! "보디가드"의 주제곡 말이군요.
☺ 맞아요.

Note

● 알아두면 좋은 표현들

자기 전에 한 잔 마시는 술 nightcap (나이트 캡)

2차 가다 go barhopping (고우 바호핑)

건배 bottoms up / cheers / toast / drink up
　　　바텀스 업 / 치어스 / 토우스트 / 드링크 업

당신을 위해 건배 Here's to you. / Here's looking at you.
　　　　　　　히어즈 투 유.　　히어즈 룩킹 앳 유.

한 잔 더 해도 될까요? Could I get another round?
　　　　　　　　　쿠드 아이 겟 어나더 롸운드?

"그만" 이라고 하세요. Say when. (쎄이 웬.)
(Please say when I may stop pouring.)
(플리즈 쎄이 웬 아이 메이 스탑 포어링.)

○ 저는 술을 못 마십니다.
　I don't touch liquor. (아이 도운트 터취 리쿼.)
　I don't touch a drop. (아이 도운트 터취 어 드롭.)

○ 많이 마셨습니다.
　I've had enough. (아이브 해드 이너프.)
　I drank too much. (아이 드랭크 투 머취.)

창이와 함께 영어 회화 배우기

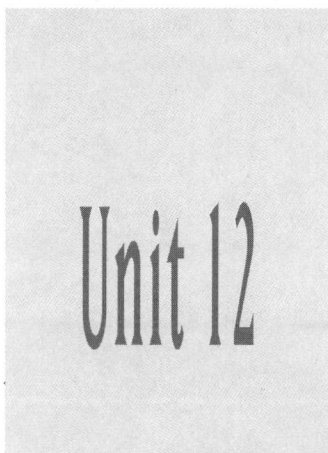

Unit 12

병 원
In the Hospital

(1) 감기

(2) 편도선염

(3) 몸살

(4) 숙취

(5) 골절

(6) 의사 진찰

(7) 입원

(8) 약국

(9) 식이요법

 병 원
In the Hospital

(1) 감기

☺ **You look tired!**
　　유　룩　타이어드!

☺ **I feel awful.**
　　아이 필 어-풀.

☺ **What's the problem?**
　　왓츠　더　프라블럼?

☺ **I have a cold.**
　　아이 해브 어 코올드.

☺ 피곤해 보여요.
☺ 기분이 안 좋아요.
☺ 왜요?
☺ 감기가 들었어요.

Note

- 감기가 들다 **have a cold / catch a cold**
　　　　　　해브 어 코올드 / 캐취 어 코올드
- 독감 **a bad cold** (어 배드 코올드)
- 유행성 독감 **flu** (플루)

Unit 12 병 원 145

(2) 편도선염

☺ You don't look so good!
유 도운트 룩 쏘우 굿!

☺ I feel sick.
아이 필 씩.

☺ What's wrong?
왓츠 륑?

☺ I have a sore throat.
아이 해브 어 쏘어 쓰로우트.

☺ Maybe you have tonsillitis.
메이비 유 해브 톤씰라이티스.

☺ 별로 안색이 안 좋아 보여요.
☺ 아파요.
☺ 어디가요?
☺ 목이 부었어요.
☺ 아마 편도선염에 걸린 것 같군요.

Note

● 목(붓거나 쑤시거나 염증이 있는 경우)이 아파요.
I have a sore throat. / I have a pain in my throat.
아이 해브어 쏘어 쓰로우트. / 아이 해브 어 페인 인 마이 쓰로우트.

---

(3) 몸살

☺ How do you feel today?
하우 두 유 필 투데이?

☺ I don't feel so good.
아이도운트 필 쏘우 굿.

☺ What's up?
　왓츠　업?

☺ I ache all over.
　아이 에이크 올　오버.

☺ What did you do yesterday?
　왓　디-쥬　두　예스터데이?

☺ I helped my mother.
　아이 헬프트　마이　마더.

☺ 오늘 기분이 어떠세요?
☺ 별로 좋지 않아요.
☺ 왜요?
☺ 온몸이 쑤셔요.
☺ 어제 뭐 했는데요?
☺ 어머니를 도와드렸거든요.

Note

● 어디가 아파요?

　You don't look well. (유 도운트 룩 웰.)
　You look pale. (유 룩 페일.) (창백해 보인다.)
　You look depressed. (유 룩 디프뤠스트.) (침울해 보인다.)
　You look tired. (유 룩 타이어드.) (피곤해 보인다.) 등으로 물을 수 있다.

● 이에 대한 대답

　I have a bad cold. (아이 해브 어 코올드.) (독감에 걸렸어요.)
　I feel weak. (아이 필 웍) (기운이 없어요.)
　I feel tired. (아이 필 타이어드.) (피곤해요.)
　My nose is running. (마이 노우즈 이즈 뤄닝.) (콧물이 나요.)
　I have a stomachache. (아이 해브 어 스토먹에이크.) (배가 아파요.)
　I have a toothache. (아이 해브 어 투스에이크.) (치통이에요.)

I have a backache. (아이 해브 어 백에이크.) (허리가 아파요.)
I have a headache. (아이 해브 어 헤드에이크.) (두통이에요.)
I have an earache. (아이 해브 언 이어에이크.) (귀가 아파요.)
I have a cough. (아이 해브 어 코프.) (기침이 나요.)
I have been losing weight. (아이 해브 빈 루징 웨이트.)
(체중이 줄고 있어요.)
I feel dizzy. (아이 필 디지.) (어지러워요.)

(4) 숙취

☺ You look pale.
   유 룩 페일.

☺ I feel terrible.
   아이 필 테러블.

☺ What's the matter?
   왓츠 더 매터?

☺ I drank too much, so I have a hangover.
   아이 드랭크 투 머취, 쏘우 아이 해브 어 행오버.

☺ Take care.
   테이크 케어.

☺ What's the best cure for a hangover?
   왓츠 더 베스트 큐어 포 어 행오버?

☺ Um. You should try vinegar.
   음. 유 슈드 트라이 비니거.

☺ 창백해 보여요.
☺ 많이 안 좋아요.
☺ 무슨 일인데요?
☺ 술을 많이 마셔서 숙취 때문이에요.
☺ 조심하세요.
☺ 숙취에는 뭐가 가장 좋지요?
☺ 음, 식초를 먹어 봐요.

(5) 골절

☺ What happened to your leg?
　왓　　해픈드　투　유어　레그?

☺ I broke it in a soccer game.
　아이 브로우크 잇 인 어　싸커　　게임.

☺ Are you all right?
　아　유　올　롸잇?

☺ I have trouble walking.
　아이 해브　트러블　　워킹.

☺ Take care of yourself.
　테이크　케어　어브　유어쎌프.

☺ What's the matter with your hand?
　왓츠　더　매터　위드　유어　핸드?

☺ I sprained my wrist playing basketball.
　아이 스프레인드 마이　뤼스트　플레잉　　배스킷볼.

☺ How long will the cast be on?
　하울-롱　　윌　더　캐스트 비　온?

☺ One more month.
　원　모어　먼쓰.

☺ 다리가 왜 그래요?
☺ 축구하다가 다쳤어요.
☺ 괜찮아요?
☺ 걷기가 힘들어요.
☺ 조심하세요.
☺ 손이 왜 그래요?
☺ 농구하다 팔목을 삐었어요.
☺ 얼마 동안 깁스를 해야 하나요?
☺ 한 달 더 해야 해요.

☺ What happened to your foot?
　왓　　해픈드　투　유어　풋?

☺ I tripped over the stairs.
　아이 트립트　오버　더　스테어즈.

☺ That's too bad. Be careful.
　댓츠　투　배드. 비　케어풀.

☺ Thanks.
　땡쓰.

☺ 발이 왜 그래요?
☺ 계단에서 넘어졌어요.
☺ 안됐군요. 조심하세요.
☺ 고마워요.

☺ How did you burn your finger?
　하우　디-쥬　번　유어　핑거?

☺ I burned it cooking supper.
　아이 번드　잇　쿠킹　　써퍼.

창이와 함께 영어 회화 배우기

☺ Really?
뤼얼리?

☺ Yes, but it's okay. Wife really appreciated the supper.
예스, 벗 잇츠 오우케이. 와이프 뤼얼리 어프뤼쉬에이티드 더 써퍼.

> ☺ 어쩌다 손가락을 데었어요?
> ☺ 요리하다가 데었어요.
> ☺ 정말이요?
> ☺ 예, 하지만 아내는 저녁을 준비해 주어서 너무 고마워했어요.

(6) 의사 진찰

☺ I'd like to see a doctor.
아이들-라익 투 씨이 어 닥터.

☺ Do you have an appointment?
두 유 해브 언 어포인트먼트?

☺ No, but I'm in a hurry.
노우, 벗 아임 인 어 허리.

☺ I see. Let me check the schedule.
아이 씨이. 렛 미 첵 더 스케줄.

> ☺ 진찰을 받고 싶은데요.
> ☺ 예약은 하셨나요?
> ☺ 아니오, 하지만 몹시 급해요.
> ☺ 알겠습니다. 스케줄을 한번 살펴보죠.

☺ What's wrong?
왓츠 륑?

☺ I have a sore throat.
아이 해브 어 쏘어 쓰로우트.

☺ How long have you had it?
  하울-롱 해브 유 해드 잇?

☺ About a week.
  어바웃 어 윅.

☺ Let me take a look.
  렛 미 테이크 어 룩.

☺ 무슨 일이에요?
☺ 목이 부었어요.
☺ 얼마나 됐어요?
☺ 약 일주일 정도 됐어요.
☺ 한번 보죠.

☺ What seems to be the trouble?
  왓 씸즈 투 비 더 트러블?

☺ I have a fever.
  아이 해브 어 피붜.

☺ Anything else?
  에니씽 엘스?

☺ I have diarrhea.
  아이 해브 다이어리어.

☺ What did you eat a few days ago?
  왓 디-쥬 잇 어 퓨 데이즈 어고우?

☺ I had fish.
  아이 해드 피쉬.

☺ Maybe you have food poisoning.
  메이비 유 해브 푸드 포이즈닝.

☺ 어떻게 아픈가요?
☺ 열이 납니다.
☺ 다른 증상은요?
☺ 설사도 합니다.
☺ 며칠 전에 무엇을 먹었나요?
☺ 생선을 먹었어요.
☺ 아마 식중독인 것 같습니다.

☺ Do you think I have to have an operation?
두 유 씽크 아이 해브 투 해브 언 오퍼뤠이션?

☺ Yes. Do you have any allergies?
예스. 두 유 해브 에니 앨러쥐스?

☺ No.
노우.

☺ Then, we will prepare for the operation tomorrow.
덴, 위 윌 프리페어 포 디 오퍼뤠이션 투머로우.

☺ 수술을 받아야 하나요?
☺ 네, 알레르기 현상은 없나요?
☺ 없습니다.
☺ 그러면 내일 수술 준비를 하도록 하죠.

☺ What's wrong with my mother?
왓츠 륑 위드 마이 마더?

☺ She seems to have heart trouble.
쉬 씸즈 투 해브 하ー트 트러블.

☺ I can't believe it. She always looks energetic.
아이 캔트 빌리브 잇. 쉬 올웨이즈 룩스 에너제틱.

Unit 12 병원 153

☺ First, she will have an X-ray taken.
퍼스트, 쉬 윌 해브 언 엑스-레이 테이큰.

☺ I see.
아이 씨이.

☺ 어머니가 어떠신가요?
☺ 심장에 문제가 있는 것 같습니다.
☺ 믿을 수가 없군요. 어머니는 늘 좋아 보이셨는데요.
☺ 우선, 엑스레이를 찍어 보도록 하죠.
☺ 알겠습니다.

> Note
> - 주요 병 증상 (symptom) (씸텀)
>   통증 pain (페인) / ache (에이크) / 알레르기 allergy (앨러쥐)
>   두드러기 hives (하이브즈) / 구토 vomit (보밋) / throw-up (쓰로우-업)

(7) 입원

☺ My mother is in the hospital.
마이 마더 이즈 인 더 하스피틀.

☺ What's wrong?
왓츠 뤙?

☺ She has a problem with her heart.
쉬 해즈 어 프라블럼 위드 허 하-트.

☺ Does she need surgery?
더즈 쉬 니드 써저리?

☺ Yes.
예스.

☺ That's too bad.
댓츠 투 배드.

☺ 어머니가 병원에 입원하셨어요.
☺ 무슨 문제인가요?
☺ 심장이 안 좋으시데요.
☺ 수술을 받아야 하나요?
☺ 네.
☺ 안됐군요.

☺ Where is your son?
　　웨어　이즈　유어　썬?

☺ In the emergency room.
　인　디　　이머전씨　　룸.

☺ How is he?
　　하우 이즈 히?

☺ I'm not sure yet.
　　아임　낫　슈어　옛.

☺ I'm sorry to hear that.
　　아임　쏘오리　투　히어　댓.

☺ 아들은 어디에 있어요?
☺ 응급실에 있습니다.
☺ 상태가 어때요?
☺ 아직은 잘 모르겠습니다.
☺ 안됐군요.

(8) 약국

☺ Can you fill this prescription for me?
　　캔　유　필　디스　프뤼스크립션　포　미?

☺ What is it for?
　왓 이즈 잇 포?

☺ It's for my cold.
　잇츠 포 마이 코올드.

☺ Please have a seat and wait a minute.
　플리즈 해브 어 씨잇 앤드 웨잇 어 미닛.

> ☺ 이 약을 처방해 주시겠습니까?
> ☺ 무슨 약인가요?
> ☺ 감기 약입니다.
> ☺ 잠깐 앉아서 기다리세요.

☺ Could you fill this prescription?
　쿠-쥬 필 디스 프뤼스크립션?

☺ Yes. Did you take any other medicine?
　예스. 디-쥬 테이크 에니 아더 메디슨?

☺ Yes. But it didn't work.
　예스. 벗 잇 디든트 워크.

☺ Try this one.
　트라이 디스 원.

> ☺ 이 약을 조제해 주시겠습니까?
> ☺ 네. 다른 약을 먹어 봤나요?
> ☺ 네. 하지만 별로 효과가 없었어요.
> ☺ 알겠습니다.

☺ May I help you?
　메이 아이 헬프 유?

☺ Yes. I need some aspirin.
   예스. 아이 니드 썸 애스피린.

☺ Show me the prescription.
   쇼우 미 더 프뤼스크립션.

☺ Here it is.
   히어 잇 이즈.

☺ Wait a minute, please.
   웨잇 어 미닛, 플리즈.

☺ 어서 오세요.
☺ 아스피린 좀 주세요.
☺ 처방전을 보여주시겠습니까?
☺ 여기 있습니다.
☺ 잠깐 기다리세요.

(9) 식이요법

☺ How are you?
   하우 아 유?

☺ I feel better.
   아이 필 베터.

☺ Great! How can you get over your disease?
   그뤠잇! 하우 캔 유 겟 오버 유어 디지이즈?

☺ My doctor suggests a diet.
   마이 닥터 써제스츠 어 다이어트.

☺ Is it working?
   이즈 잇 워킹?

☺ Yes, it's a good way to keep fit.
   예스, 잇츠 어 굿 웨이 투 킵 핏.

☺ 어떠세요?
☺ 좋아지고 있습니다.
☺ 다행이에요. 어떻게 좋아지셨나요?
☺ 의사가 식이요법을 하라고 했어요.
☺ 효과가 있어요?
☺ 네, 식이요법은 건강을 유지하는 한 방법이라고 생각해요.

☺ **Hello.**
헬로우.

☺ **Hello. This is Jang-su.**
헬로우. 디스 이즈 장-수.

☺ **What's up?**
왓츠 업?

☺ **We are going to have a barbecue tonight.**
위 아 고잉 투 해브 어 바비큐 투나잇.

☺ **Sounds good.**
싸운즈 굿.

☺ **How about coming over?**
하우 어바웃 커밍 오버?

☺ **Well, I am on a diet.**
웰, 아이 앰 온 어 다이어트.

☺ **This food is good for you.**
디스 푸드 이즈 굿 포 유.

☺ **I'll think about it.**
아일 씽크 어바웃 잇.

☺ 여보세요?
☺ 여보세요? 장수입니다.
☺ 무슨 일이세요?
☺ 오늘 밤 바베큐 파티를 하려고 해요.
☺ 좋은 생각이네요.
☺ 이리로 오시겠습니까?
☺ 글쎄요, 요즘 다이어트를 시작했거든요.
☺ 잘 먹으면 건강에 좋아요.
☺ 생각해 보겠습니다.

☺ How about having some ice cream?
  하우 어바웃 해빙 썸 아이스 크림?

☺ No, thank you.
  노우, 땡-큐.

☺ Why?
  와이?

☺ I have to lose weight.
  아이 해브 투 루즈 웨이트.

☺ No kidding. You are so slim.
  노우 키딩. 유 아 쏘우 슬림.

☺ 아이스 크림 먹을까요?
☺ 사양합니다.
☺ 왜요?
☺ 체중을 줄여야 하거든요.
☺ 농담하지 마세요. 당신은 날씬해요.

> **Note**
> - 다이어트 / 식이요법 a diet (어 다이어트)
>   다이어트 시작하다 be go on a diet (비 고우 온 어 다이어트)
>   다이어트 중이다 be on a diet (비 온 어 다이어트)
>   건강을 유지하다 keep fit 또는 stay fit (킵 핏 / 스테이 핏)
>   체중을 유의하다 watch weight (왓취 웨이트)

창이와 함께 영어 회화 배우기

Unit 13

은 행
At the Bank

(1) 은행 찾기
(2) 계좌 오픈
(3) 입금
(4) 출금
(5) 송금
(6) 환전
(7) 수표 교환
(8) 잔돈 교환
(9) 대출

은행
At the Bank

(1) 은행 찾기

☺ Is there a bank near here?
이즈 데어 어 뱅크 니어 히어?

☺ Yes, the First Bank is on the corner.
예스, 더 퍼스트 뱅크 이즈 온 더 코오너.

☺ Thanks.
땡쓰.

> ☺ 근처에 은행이 있나요?
> ☺ 예, 제일은행이 모퉁이에 있습니다.
> ☺ 고맙습니다.

(2) 계좌 오픈

☺ I'd like to open an account.
아이들-라익 투 오픈 언 어카운트.

☺ Okay, please show me your ID.
오우케이, 플리즈 쇼우 미 유어 아이디.

☺ Here it is.
히어 잇 이즈.

☺ Would you like to open a savings account or a
　　우-쥴-라잌　　투　오픈 어　쎄이빙스　　어카운트 오어 어
checking account?
　체킹　　　어카운트?

☺ A savings account, please.
　어　쎄이빙스　　어카운트,　　플리즈.

> ☺ 계좌를 하나 만들고 싶은데요.
> ☺ 예, 신분증을 보여주세요.
> ☺ 여기 있습니다.
> ☺ 보통 예금 아니면 당좌 예금으로 하시겠어요?
> ☺ 보통예금으로 해 주세요.

Note

- 보통예금계좌 savings account / 당좌예금계좌 checking account
　　　　　　　쎄이빙스　어카운트　　　　　　　　　　체킹　　어카운트

- 예금통장 bankbook / 도장 stamp
　　　　　뱅크북　　　　　　스탬프

(3) 입금

☺ I would like to make a $100 deposit.
　아이 우들-라잌　투　메이크 어 원헌드레드달러즈 디파짓.

☺ Yes, show me your bankbook.
　예스,　쇼우　미　유어　뱅크북.

☺ Here it is.
　히어　잇이즈.

☺ Wait a minute, please.
　웨잇 어　미닛,　플리즈.

☺ 100달러를 예금하고 싶은데요.
☺ 예, 통장을 주세요.
☺ 여기 있습니다.
☺ 잠시 기다리세요.

☺ I want to deposit $150.
아이 원-투　　디파짓 원헌드레드 앤드 핍티달러스.

☺ Is this a checking account?
이즈 디스 어　　체킹　　어카운트?

☺ Yes.
예스.

☺ The interest rate you get is pretty good.
디　인터뤠스트 뤠이트 유　겟 이즈 프뤼티　굿.

☺ 150달러를 예금하겠습니다.
☺ 당좌 예금인가요?
☺ 예.
☺ 이자율이 아주 좋습니다.

(4) 출금

☺ I'd like to withdraw $20.
아이들-라익 투 위드드로우 트웬티달러스.

☺ Please give me your bankbook.
플리즈　기브　미　유어　　뱅크북.

☺ Here you are.
히어　유　아.

☺ And please show me your ID.
앤드　플리즈　쇼우　미　유어 아이디.

☺ Here it is.
　히어 잇이즈.

☺ Where is the ATM?
　웨어 이즈 디 에이티엠?

☺ In the basement. You have to walk downstairs.
　인 더 베이스먼트.　유 해브 투 워크　다운스테어즈.

☺ Thank you.
　땡-큐.

> ☺ 20달러를 찾고 싶은데요.
> ☺ 통장을 주십시오.
> ☺ 여기 있습니다.
> ☺ 그리고 신분증도 주세요.
> ☺ 여기 있습니다.
> ☺ 현금 지급기는 어디에 있습니까?
> ☺ 지하에 있습니다. 계단을 내려가시면 됩니다.
> ☺ 감사합니다.

(5) 송금

☺ May I have the money wired directly to my account?
　메이 아이 해브　더　머니　와이어드 디뤡틀리 투 마이　어카운트?

☺ Yes, give me your ID.
　예스, 기브　미　유어 아이디.

☺ And then, can I have my utility bills paid out of
　앤-덴,　캔 아이 해브 마이 유틸리티 빌즈　페이드 아웃 어브

my bank account automatically?
마이　뱅크　어카운트　　오토매티컬리?

☺ Of course.
　어브　코어스.

☺ What should I do now?
　왓　슈드 아이 두　나우?

☺ Give me your bankbook, please.
　기브　미　유어　뱅크북,　플리즈.

> ☺ 이 돈을 제 구좌로 바로 송금하고자 합니다.
> ☺ 예, 신분증을 보여 주세요.
> ☺ 그리고 공공요금이 통장에서 자동으로 이체되게 할 수 있나요?
> ☺ 물론이죠.
> ☺ 그러면 어떻게 해야 하지요?
> ☺ 통장을 주세요.

(6) 환전

☺ Where can I change money?
　웨어　캔 아이 췌인쥐　머니?

☺ There is a bank around the corner.
　데어 이즈 어　뱅크　어롸운드　더　코어너.

☺ Thanks.
　땡쓰.

> ☺ 어디에서 환전할 수 있나요?
> ☺ 모퉁이를 돌면 은행이 있습니다.
> ☺ 고맙습니다.

☺ What's the exchange rate between U.S. dollar
　왓츠　디　익쓰췌인쥐　뤠이트　비트윈　유에스　달러
and Korean won?
앤드　코리언　원?

☺ It's 1200 won to the dollar.
　잇츠 원 싸운전드투헌드레드 (트웰브 헌드레드) 원 투 더 달러.

☺ I would like to exchange Korean won for dollars.
아이 우들-라익 투 익쓰체인쥐 코리언 원 포 달러즈.

☺ How much do you want?
하우 머취 두 유 원트?

☺ What's the exchange rate today?
왓츠 디 익쓰체인쥐 뤠이트 투데이?

☺ It's _____ won to the yen.
잇츠 _____ 원 투 더 엔.

☺ I'd like to change Korean won for yen instead.
아이들-라익 투 체인쥐 코리언 원 포 엔 인스테드.

☺ 미국 달러에 대해 한국 환율이 얼마인가요?
☺ 달러당 1,200원입니다.
☺ 한국 돈을 달러로 바꾸고 싶습니다.
☺ 얼마를 바꾸시겠습니까?
☺ 오늘 환율이 얼마입니까?
☺ 일본 엔화당 _____ 원입니다.
☺ 한국 돈을 엔화로 환전하겠습니다.

(7) 수표 교환

☺ I would like to cash a check.
아이 우들-라익 투 캐쉬 어 첵.

☺ Please show me your ID.
플리즈 쇼우 미 유어 아이디.

☺ Here it is.
히어 잇 이즈.

☺ 수표를 현금으로 바꾸고자 합니다.
☺ 신분증을 보여 주세요.
☺ 여기 있습니다.

☺ Can I cash a traveler's check here?
   캔 아이 캐쉬 어 트뤠블러스 쳌 히어?

☺ Of course.
   어브 코어스.

☺ Can you include small change?
   캔 유 인클루드 스몰 췌인쥐?

☺ Yes. Here you are.
   예스. 히어 유 아.

☺ Thanks a lot.
   땡쓰 얼-랏.

☺ 여기에서 여행자 수표를 현금으로 바꿀 수 있나요?
☺ 물론이죠.
☺ 잔돈을 섞어서 주시겠습니까?
☺ 그러지요. 여기 있습니다.
☺ 대단히 감사합니다.

(8) 잔돈 교환

☺ Please break a dollar into two quarters and five dimes.
   플리즈 브뤠이크 어 달러 인투 투 쿼터스 앤드 파이브 다임스.

☺ Here you go.
   히어 유 고우.

☺ Thanks.
   땡쓰.

☺ 1달러를 15센트 2개와 10센트 5개로 바꾸어 주세요.
☺ 여기 있습니다.
☺ 감사합니다.

☺ **I'd like to break 50dollars into 5 five-dollar bills and**
아이들-라익 투 브레이크   핍티달러즈 인투   파이브 달러   빌즈 앤드

25 one-dollar bills.
트웬티 파이브 원 - 달러 빌즈.

☺ **Here you are.**
히어   유   아.

☺ 50달러를 5 달러 지폐 5장과 1 달러 지폐 25장으로 바꾸어 주세요.
☺ 여기 있습니다.

Note

- 지폐를 잔돈으로 바꾸다 break (브레이크)
- 수표를 현금으로 바꾸다 check (첵)
- 동전 또는 잔돈은 small change (스몰 체인쥐)로 쓰기도 한다. 여기에서 1센트는 penny(페니), 5센트는 nickel(니클), 10센트는 dime(다임), 그리고 15센트는 quarter(쿼터)이다.

---

(9) 대출

☺ **I would like to take out a loan to rent a house.**
아이 우들-라익 투 테이크 아웃 어 론 투 뤤트 어 하우스.

☺ **See that teller in gate 5? Please speak to him.**
씨이 댓 텔러 인 게이트 파이브? 플리즈   스픽-투   힘.

☺ **Okay. Thanks.**
오우케이.   땡쓰.

☺ 전세를 구하기 위해 대출을 받고자 합니다.
☺ 5번 창구의 저 직원이 보이시죠? 그 사람에게 문의하세요.
☺ 예. 감사합니다.

☺ I would like to take out a loan to rent a house.
　아이 우들-라익 투 테이크 아웃 어 론 투 뤤트 어 하우스.

☺ Do you have any ID?
　두 유 해브 에니 아이디?

☺ Here it is. How much is the interest rate?
　히어 잇이즈. 하우 머취 이즈 디 인터뤠스트 뤠이트?

☺ The rate is 15%.
　더 뤠이트 이즈 핍틴 퍼센트.

☺ 전세로 대출을 받고자 합니다.
☺ 신분증을 보여 주세요.
☺ 여기 있습니다 그리고 이자는 얼마인가요?
☺ 이자는 15% 입니다.

Note

- 은행창구 직원 teller (텔러)
  대출 받다 take out a loan (테이크 아웃 어 론)

Unit 13 은행 171

창이와 함께 영어 회화 배우기

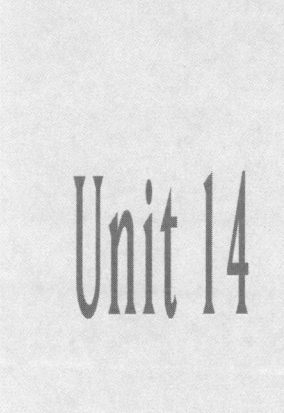

여 행
Traveling

(1) 휴가 계획 세우기

(2) 호텔 예약하기

(3) Check-in

(4) Page요청하기

(5) 룸서비스 요청하기

(6) 프런트 데스크 문의하기

(7) 관광하기

(8) 하우스키핑 요청하기

(9) 모닝콜 요청하기

(10) Check-out

(11) 여행 마치고

여 행
Traveling

(1) 휴가 계획 세우기

☺ What are your plans for the summer?
왓 아 유어 플랜스 포 더 썸머?

☺ I'm planning to go to the East Coast. How about you?
아임 플래닝 투 고우 투 디 이스트 코스트. 하우 어바웃 유?

☺ I haven't decided yet. How long is your summer vacation?
아이 해븐트 디싸이디드 옛. 하울-롱 이즈 유어 썸머 붸케이션?

☺ About 7 days. I have plenty of time, but it's awfully
어바웃 쎄븐데이즈. 아이 해브 플렌티 어브 타임, 벗 잇츠 어-풀리

crowded there at that time of year.
크롸우디드 데어 앳 댓 타임 어브 이어.

☺ 여름 휴가 계획을 어떻게 세우셨나요?
☺ 동해안에 갈 계획이에요. 당신은 어떠세요?
☺ 아직 결정 못했어요. 여름 휴가가 얼마나 되나요?
☺ 약 7일 정도예요. 시간은 많지만 매년 그때쯤에 사람들이 많아 걱정이에요.

---

(2) 호텔 예약하기

☺ Naksan Hotel. May I help you?
낙산 호텔. 메이 아이 헬프 유?

☺ I'd like to make a reservation.
　아이들-라익 투 메이크 어　뤠저붸이션.

☺ Yes, sir. May I have your name?
　예스, 써. 메이 아이 해브　유어　네임?

☺ My name is Chang-ho Yim.
　마이 네임 이즈　창-호　임.

☺ How many people are there in your party?
　하우　메니　피플　아　데어 인　유어 파아티?

☺ Just two.
　저스트 투.

☺ I see. What kind of room would you like?
　아이 씨이.　왓　카인드 어브　룸　　우-줄-라이크?

☺ A room for two.
　어　룸　포 투.

☺ How long will you stay?
　하울-롱　월 유 스테이?

☺ For two nights.
　포　투　나잇츠.

☺ 낙산 호텔입니다. 무엇을 도와 드릴까요?
☺ 예약을 하고 싶습니다.
☺ 네. 성함이 무엇입니까?
☺ 임창호입니다.
☺ 일행이 몇 분입니까?
☺ 두 명입니다.
☺ 알겠습니다. 어떤 방을 원하십니까?
☺ 2인용 방을 원합니다.
☺ 얼마 동안 머무르실 예정입니까?
☺ 이틀 밤을 묵으려고 합니다.

> **Note**
> - 예약하다 reserve(뤼저브), make a reservation(메이크 어 뤠저붸이션), book(북)
> - 방 하나를 예약하다 reserve a room (뤼저브 어 룸)
> - 빈방 vacancy (붸이컨씨)
> - 호텔의 방 종류
>   침대 1개의 일인용 방 single room (씽글 룸)
>   침대 1개의 이인용 방 double room (더블 룸)
>   침대 2개의 이인용 방 twin room (트윈 룸)
>   특실 suite (스위트)

(3) Check-in

☺ I'd like to check-in, please. I am Chang-ho Yim.
아이들-라익 투 체크-인, 플리즈. 아이 앰 창-호 임.

☺ Have you made a reservation?
해브 유 메이드 어 뤠저붸이션?

☺ Yes, by phone.
예스, 바이 폰.

☺ Yes, we have your reservation. Could you fill out this form?
예스, 위 해브 유어 뤠저붸이션. 쿠-쥬 필 아웃 디스 포옴?

☺ 체크인 하려고 합니다. 제 이름은 임창호입니다.
☺ 예약을 하셨습니까?
☺ 네, 전화로 예약했습니다.
☺ 네, 예약되어 있습니다. 이 서류를 작성해 주시겠습니까?

(4) Page 요청하기

☺ Front Desk. Can I help you?
  프런트 데스크. 캔 아이 헬프 유?

☺ Would you page someone for me?
  우-쥬 페이쥐 썸원 포 미?

☺ Of course. What's his name?
  어브 코어스. 왓츠 히즈 네임?

☺ Min-ho Kim.
  민-호 김.

☺ Wait a minute, please. He's not here.
  웨잇 어 미닛, 플리즈. 히즈 낫 히어.

☺ Then, I'd like to leave a message for him, please.
  덴, 아이들-라익 투 리이브 어 메씨쥐 포 힘, 플리즈.

☺ 프런트 데스크입니다. 무엇을 도와 드릴까요?
☺ 사람을 찾고 싶은데요.
☺ 찾으시는 분의 이름은 무엇입니까?
☺ 김민호 씨입니다.
☺ 잠시 기다려 주시겠습니까? 여기에 안 계십니다.
☺ 그러면 메모를 남기고 싶습니다.

---

(5) 룸 서비스 요청하기

☺ Room Service. May I help you?
  룸 써어비스. 메이 아이 헬프 유?

☺ Could you bring something to eat to my room?
  쿠-쥬 브링 썸씽 투 잇 투 마이 룸?

☺ Of course. What would you like?
  어브 코어스. 왓 우-쥴-라이크?

☺ I want a sandwich and coffee.
아이 원트 어 쌘드위치 앤드 커피.

☺ I'll bring them over right now.
아일 브륑 뎀 오버 롸잇 나우.

☺ What should I do with the dishes after eating?
왓 슈드 아이 두 위드 더 디쉬즈 애프터 이팅?

☺ Please leave them outside.
플리즈 리이브 뎀 아웃싸이드.

> ☺ 룸 써비스입니다. 무엇을 도와드릴까요?
> ☺ 먹을 것 좀 가져다 주시겠습니까?
> ☺ 물론이지요. 무엇을 드시겠습니까?
> ☺ 샌드위치와 커피를 가져다 주십시오.
> ☺ 바로 가져다 드리겠습니다.
> ☺ 다 먹은 후에 빈 그릇을 어떻게 할까요?
> ☺ 밖에 내놓으시면 됩니다.

(6) 프런트 데스크 문의하기

☺ Front Desk. May I help you?
프런트 데스크. 메이 아이 헬프 유?

☺ Do you have a map of this city?
두 유 해브 어 맵 어브 디스 씨티?

☺ Of course. We also have a guide book of this city.
어브 코어스. 위 얼쏘우 해브 어 가이드 북 어브 디스 씨티.

☺ I need that, too. Thanks.
아이 니드 댓, 투. 땡쓰.

☺ Anything else?
에니씽 엘스?

☺ Yes. Do you have shuttle buses?
예스. 두 유 해브 셔틀 버씨즈?

☺ Yes. You can use them every hour.
　　예스.　유　캔　유즈　뎀　에브리　아워.

☺ Thank you.
　　땡 - 큐.

> ☺ 프런트 데스크입니다. 무엇을 도와 드릴까요?
> ☺ 이 도시의 지도를 주시겠습니까?
> ☺ 그러지요. 안내 책자도 있습니다.
> ☺ 그것도 필요합니다. 고맙습니다.
> ☺ 더 필요한 것이 있습니까?
> ☺ 네. 셔틀버스를 운행합니까?
> ☺ 매시간마다 운행합니다.
> ☺ 감사합니다.

(7) 관광하기

☺ Where are we going?
　　웨어　아　위　고잉?

☺ I'd like to go to *Jeongdongjin* beach.
　　아이들-라익 투 고우 투　"정동진"　비치.

☺ That place is very beautiful.
　　댓　플레이스 이즈 붸리　뷰리풀.

☺ Is this the first time you've visited here?
　　이즈디스　더 퍼스트 타임　유브　뷔짓트　히어?

☺ Yes. I am lucky to spend this summer here.
　　예스. 아이 앰　럭키 투　스펜드 디스　썸머　히어.

☺ Yes, you are. I envy you.
　　예스, 유　아. 아이 엔뷔　유.

☺ What places would you recommend for sightseeing?
　　왓　플레이씨즈　우-쥬　뢰커멘드　포　싸이트씨잉?

☺ How about Solak Mt.?
　　하우　어바웃　설악마운튼?

☺ I've heard a lot about it. I'll try to see it.
　　아이브　허드　얼-랏　어바웃　잇. 아일 트라이 투 씨이 잇.

☺ Have a nice trip.
　　해브　어 나이스 트립.

☺ 어디로 모실까요?
☺ 정동진 해변으로 가고 싶은데요.
☺ 그곳은 정말 아름다운 곳입니다.
☺ 여기 관광은 처음인가요?
☺ 네. 이번 여름을 여기서 보내게 된 것은 행운이라고 생각됩니다.
☺ 행운이지요.
☺ 관광하기 좋은 곳을 좀 소개해 주시겠습니까?
☺ 설악산은 어때요?
☺ 이야기 많이 들었습니다. 한번 가 보도록 하지요.
☺ 좋은 여행 되십시오.

(8) 하우스키핑 요청하기

☺ Housekeeping. May I help you?
　　하우스키핑.　　메이 아이 헬프　유?

☺ This room is 501. The shower is out of order.
　　디스　룸　이즈 파이브지로우원. 더 샤워　이즈 아웃 어브　오더.

☺ What's the problem?
　　왓츠　더　프라블럼?

☺ There is no hot water.
　　데어-리즈 노우 핫　　워터.

☺ We'll be there soon.
　　위일 비　데어　쑤운.

☺ And I'd like to call the laundry service.
앤드 아이들-라익 투 콜 더 런드리 써어비스.

☺ Yes?
예스?

☺ I've got a stain in my shirt. Could you take it out?
아이브 갓 어 스테인 인 마이 셔츠. 쿠-쥬 테익-잇 아웃?

☺ Yes. Do you want have the shirt pressed?
예스. 두 유 원트 해브 더 셔츠 프뤠스트?

☺ Of course. I want to wear this for dinner tonight.
어브 코어스. 아이 원-투 웨어 디스 포 디너 투나잇.

☺ It takes about 1 hour.
잇 테익스 어바웃 원 아워.

☺ 하우스키핑입니다. 무엇을 도와 드릴까요?
☺ 여기는 501호인데요. 샤워기가 고장났어요.
☺ 무슨 문제인가요?
☺ 뜨거운 물이 나오지 않아요.
☺ 곧 올라가도록 하겠습니다.
☺ 그리고 세탁도 부탁하려고 합니다.
☺ 네?
☺ 셔츠에 얼룩이 생겼습니다. 얼룩을 지워주시겠습니까?
☺ 네. 다리미질을 해 드릴까요?
☺ 물론입니다. 오늘 저녁 식사에서 입을 것입니다.
☺ 1시간 정도면 됩니다.

---

(9) 모닝콜 요청하기

☺ Front Desk. May I help you?
프런트 데스크. 메이 아이 헬프 유?

☺ Please give me a wake-up call.
플리즈 기브 미 어 웨이크-업 콜.

☺ At what time do you want one?
앳 왓 타임 두 유 원트 원?

☺ At 6 o'clock tomorrow morning.
앳 씩스 어클락 투머로우 모닝.

> ☺ 프런트 데스크입니다. 무엇을 도와 드릴까요?
> ☺ 모닝콜을 부탁드립니다.
> ☺ 몇 시에 해 드릴까요?
> ☺ 내일 아침 6시에 깨워주십시오.

(10) Check-out

☺ Front Desk. May I help you?
프런트 데스크. 메이 아이 헬프 유?

☺ I'd like to check out now.
아이들-라익 투 체크 아웃 나우.

☺ May I have your name, please?
메이 아이 해브 유어 네임, 플리즈?

☺ My name is Chang-ho, Yim. Room 501.
마이 네임 이즈 창-호, 임. 룸 파이브지로우원.

☺ I'll be there right now.
아일 비 데어 롸잇 나우.

☺ And, would you send someone up to get my baggage?
앤드. 우-쥬 쎈드 썸원 업 투 겟 마이 배기쥐?

☺ Yes.
예스.

☺ I have another question. Do you accept credit cards?
아이 해브 어나더 퀘스쳔. 두 유 억셉트 크레디트 카아즈?

☺ Yes, we do.
예스, 위 두.

☺ Thank you.
　　땡-큐.

> ☺ 프런트 데스크입니다. 무엇을 도와 드릴까요?
> ☺ 지금 체크아웃하려고 합니다.
> ☺ 성함을 알려 주십시오.
> ☺ 임창호입니다. 방은 501호입니다.
> ☺ 지금 올라가겠습니다.
> ☺ 그리고 짐을 들어 줄 사람을 올려 보내 주시겠습니까?
> ☺ 알겠습니다.
> ☺ 질문 하나 더 있습니다. 신용카드로 지불할 수 있습니까?
> ☺ 네, 가능합니다.
> ☺ 감사합니다.

(11) 여행 마치고

☺ How was your vacation?
　　하우　워즈　유어　붸케이션?

☺ It was great. I had a good time on vacation.
　　잇 워즈 그뤠잇. 아이 해드 어 굿 타임 온 붸케이션.

☺ Where did you go on vacation?
　　웨어　디-쥬 고우 온 붸케이션?

☺ I went to the East Coast.
　　아이 웬-투 디 이스트 코우스트.

> ☺ 휴가 잘 보내셨어요?
> ☺ 좋았어요. 좋은 시간 보냈어요.
> ☺ 휴가 동안 어디에 가셨는데요?
> ☺ 동해안에 다녀왔어요.

창이와 함께 영어 회화 배우기

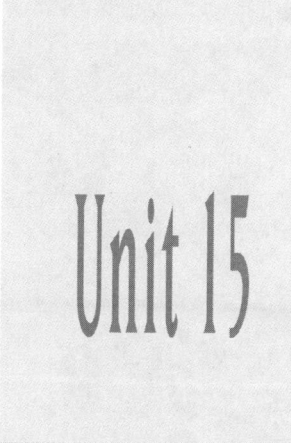

Unit 15

해외 여행
Overseas Traveling

(1) 해외 여행 준비하기
(2) 비행기표 예약하기
(3) 비행기표 재확인하기
(4) 탑승 수속하기
(5) 입국 심사 받기
(6) 세관 심사 받기
(7) 탑승하기
(8) 출발하기 전 기내 안내 방송
(9) 출발 지연 기내 안내 방송
(10) 비행기 경유 안내
(11) 비행기 갈아타기
(12) 기내에서
(13) 목적지 도착 안내 방송
(14) 뉴욕 관광 - 자유 여신상
(15) 분실물 신고하기
(16) 도난 증명서 작성하기
(17) 분실물 재발행하기
(18) 귀국 절차 받기

해외 여행
Overseas Traveling

(1) 해외 여행 준비하기

☺ Where are you going during the summer?
웨어 아 유 고잉 듀링 더 썸머?

☺ I plan to go to New York.
아이 플랜 투 고우 투 뉴욕.

☺ Have you been there before?
해브 유 빈 데어 비포어?

☺ No. This will be the first time.
노우. 디스 윌 비 더 퍼스트 타임.

☺ Then, you need some information.
덴, 유 니드 썸 인포메이션.

☺ That's right. I will check Internet.
댓츠 롸잇. 아이 윌 첵 인터넷.

☺ 이번 여름에 어디로 가실 건가요?
☺ 뉴욕으로 갈 계획입니다.
☺ 다녀오신 적이 있나요?
☺ 아니오. 이번이 처음이에요.
☺ 그러면, 약간의 정보가 필요할 거예요.
☺ 맞아요. 그래서 인터넷에서 찾아보려고 합니다.

(2) 비행기표 예약하기

☺ I'd like to make a flight reservation for New York City.
아이들-라익 투 메이크 어 플라잇 뤠저붸이션 포 뉴욕 씨티.

☺ When are you leaving?
웬 아 유 리이빙?

☺ Next Saturday. Are there any flights on Saturday morning?
넥스트 썬데이. 아 데어 에니 플라이츠 온 쎄러데이 모닝?

☺ Yes. We have flight 507 at 10 a.m.
예스. 위 해브 플라잇 파이브지로우쎄븐 앳 텐 에이앰.

☺ I'll take that flight.
아일 테이크 댓 플라잇.

☺ 뉴욕 행 항공편을 예약하려고 합니다.
☺ 언제 출발하십니까?
☺ 다음 토요일입니다. 토요일 오전에 떠나는 비행기가 있습니까?
☺ 네. 오전 10시에 507편이 있습니다.
☺ 그 비행기로 하겠습니다.

☺ Which class would you like? Economy, Business or First?
위치 클래스 우-줄-라이크? 이코노미, 비즈니스 오어 퍼스트?

☺ Business, please.
비즈니스, 플리즈.

☺ Would you like to sit in the non-smoking section or
우-줄-라익 투 씻 인 더 난-스모킹 쎅션 오어

the smoking section?
더 스모킹 쎅션?

☺ The non-smoking section, please.
더 난-스모킹 쎅션, 플리즈.

☺ Yes. And which do you want, window seat,
예스. 앤드 위치 두 유 원트, 윈도우 씨잇,

aisle seat or center seat?
아일 씨잇 오어 썬터 씨잇?

☺ Window seat, please.
윈도우   씨잇,   플리즈.

☺ Okay.
오우케이.

> ☺ 어떤 표를 원하십니까? 일반석, 이등석, 일등석이 있습니다.
> ☺ 이등석으로 주세요.
> ☺ 금연석으로 하시겠습니까, 흡연석으로 하시겠습니까?
> ☺ 금연석으로 주세요.
> ☺ 예. 그리고 창문가, 통로 또는 중앙측 자리 중에서 어디를 원하십니까?
> ☺ 창문가 자리를 주세요.
> ☺ 알겠습니다.

(3) 비행기표 재확인하기

☺ KAL. May I help you?
칼(케이 에이 엘). 메이 아이 헬프 유?

☺ I'd like to confirm my reservation, please.
아이들-라익 투 컨펌 마이 뤠저붸이션, 플리즈.

☺ May I have your name?
메이 아이 해브 유어 네임?

☺ My name is Chang-ho Yim, and my flight number is 507.
마이 네임 이즈 창-호   임, 앤드 마이 플라잇 넘버 이즈 파이브지로우쎄븐.

☺ Your flight is confirmed. You have to check in 2 hours
유어 플라잇 이즈 컨펌드.   유 해브 투 첵   인 투 아워즈
before departure time.
비포   디파춰   타임.

☺ 대한항공입니다. 무엇을 도와 드릴까요?
☺ 비행기표를 재확인하고 싶습니다.
☺ 성함이 무엇입니까?
☺ 내 이름은 임창호이고, 비행기는 507편입니다.
☺ 손님의 비행편은 확인되었습니다. 출발 2시간 전에 체크인 해주십시오.

(4) 탑승 수속하기

☺ Would you tell me where the Korean Airlines counter is?
우-쥬 텔 미 웨어 더 코리언 에어라인 카운터 이즈?

☺ Right here.
롸잇 히어.

☺ Can I check in here?
캔 아이 췍 인 히어?

☺ Yes. We are checking in for flight 507 to New York.
예스. 위 아 체킹 인 포 플라잇 파이브지로우 쎄븐 투 뉴욕.

☺ I see.
아이 씨이.

☺ How many pieces of baggage do you have?
하우 메니 피씨즈 어브 배기쥐 두 유 해브?

☺ Just two.
저스트 투.

☺ 대한항공 카운터는 어디에 있는지 가르쳐 주시겠습니까?
☺ 여기입니다.
☺ 여기에서 체크인 할 수 있습니까?
☺ 네. 지금 뉴욕 행 507편을 체크인하고 있습니다.
☺ 알겠습니다.
☺ 기내로 가져갈 짐이 몇 개입니까?
☺ 두 개뿐입니다.

(5) 입국 심사 받기

☺ Good morning. May I see your passport?
굿 모닝. 메이 아이 씨이 유어 패쓰포오트?

☺ Here you are.
히어 유 아.

☺ How long are you going to stay in New York?
하울-롱 아 유 고잉 투 스테이 인 뉴욕?

☺ About one week.
어바웃 원 윅.

☺ What is the purpose of your visit to New York?
왓 이즈 더 퍼포우즈 어브 유어 뷔짓 투 뉴욕?

☺ Just sightseeing and visiting friends.
저스트 싸이트씨잉 앤드 뷔지팅 프렌즈.

☺ Okay. Have a nice trip.
오우케이. 해브 어 나이스 트립.

☺ 안녕하세요. 여권을 보여주시겠습니까?
☺ 여기 있습니다.
☺ 뉴욕에 얼마 동안 머무르실 예정입니까?
☺ 약 일주일 정도입니다.
☺ 뉴욕을 방문하는 목적은 무엇입니까?
☺ 관광과 친구를 방문하는 것입니다.
☺ 알겠습니다. 좋은 여행 되십시오.

---

(6) 세관 심사 받기

☺ Good morning. Do you have anything to declare?
굿 모닝. 두 유 해브 에니씽 투 디클레어?

☺ No.
노우.

☺ Could you show me your bags?
　　쿠-쥬　쇼우　미　유어　백스?

☺ Yes, of course.
　예스, 어브 코어스.

☺ What is this?
　왓　이즈 디스?

☺ It is the camera that I bought for my friend.
　잇이즈 더　캐머러　댓 아이 버-트　포　마이 프렌드.

☺ Where did you buy this?
　웨어　디-쥬　바이 디스?

☺ I bought it at the duty free shop.
　아이 버-트　잇 앳 더　듀티 프뤼　샵.

☺ I see. Have a good time.
　아이 씨이. 해브　어　굿　타임.

☺ 안녕하세요. 신고할 물건이 있습니까?
☺ 없습니다.
☺ 가방 좀 보여 주시겠습니까?
☺ 네, 물론이지요.
☺ 이것은 무엇입니까?
☺ 친구를 주기 위해 제가 산 것입니다.
☺ 이것을 어디에서 사셨습니까?
☺ 면세점에서 샀습니다.
☺ 알겠습니다. 좋은 시간 되십시오.

(7) 탑승하기

☺ Please show me your boarding pass.
　플리즈　쇼우　미　유어　보어딩　패쓰.

☺ Here you go. Could you tell me where my seat is?
　히어　유　고우.　쿠-쥬　텔　미　웨어　마이　씨잇　이즈?

☺ Your seat number, please.
　유어　씨잇　넘버,　플리즈.

☺ My number is 45B.
　마이　넘버　이즈 포티파이브 비.

☺ It is over there by the window. Follow me, please.
　잇 이즈 오버　데어 바이 더　윈도우.　팔로우　미,　플리즈.

☺ Thank you.
　땡-큐.

☺ You are welcome.
　유　아　웰컴.

☺ 탑승권을 주십시오.
☺ 여기 있습니다. 제 좌석이 어디 있는지 가르쳐 주시겠습니까?
☺ 좌석 번호를 말씀해 주세요.
☺ 제 자리는 45B입니다.
☺ 저기 창가 쪽 자리입니다. 저를 따라오십시오.
☺ 감사합니다.
☺ 천만에요.

(8) 출발하기 전 기내 안내 방송

Good morning, ladies and gentlemen. We welcome you aboard Korean Airliners. Flight 507 is now leaving for New York via Anchorage. Please put your seat to the upright position, fasten your seat belt, and refrain from smoking until the No Smoking sign is turned off. Thank you.

신사, 숙녀 여러분 안녕하십니까? 대한항공을 이용해 주셔서 감사합니다. 이 507편은 앵커리지를 경유해서 New York에 도착할 예정입니다. 좌석을 바로 해주시고 안전 벨트를 착용하시고, 담배는 금연 등에 불이 꺼질 때까지 삼가해 주시기 바랍니다. 감사합니다.

(9) 출발 지연 기내 안내 방송

Ladies and gentlemen. We are very sorry to inform you that this flights is behind schedule due to bad weather. Please be seated as we are going to take off as soon as the weather clears. Thank you.

신사, 숙녀 여러분. 저희 507편이 좋지 않은 기상 관계로 예정 시간보다 출발이 지연되어 죄송합니다. 날씨가 좋아지는 대로 곧 출발할 예정이오니 손님 여러분께서는 자리에 앉아 기다려 주시기 바랍니다. 감사합니다.

(10) 비행기 경유 안내

May I have your attention, please? We have just landed at Anchorage Airport. Passengers continuing on to New York, please remain on board. This flight will stay on the ground for an hour. Thank you.

방송에 귀를 기울여 주시겠습니까? 방금 우리는 앵커리지 공항에 도착하였습니다. New York으로 가시는 승객께서는 자리에 남아 계십시오. 저희 507편은 1시간 정도 지상에 머무를 예정입니다. 감사합니다.

☺ What does it mean?
  왓 더즈 잇 민?

☺ This flight will stay here at the Anchorage Airport
  디스 플라잇 윌 스테이 히어 앳 디 앵커뤼쥐   에어포트
  for an hour.
  포 언 아워.

☺ Oh. Thanks a lot.
  오.   땡쓰   얼-랏.

☺ 무슨 방송인가요?
☺ 이 비행기가 여기 앵커리지 공항에서 1시간 체류한다고 합니다.
☺ 그래요. 대단히 고맙습니다.

(11) 비행기 갈아타기

☺ I'm transferring to Boston.
　　아임　트랜스퍼링　투　보스턴.

☺ What is your flight number?
　　왓　이즈　유어　플라잇　넘버?

☺ My flight is Delta Airlines 213.
　　마이　플라잇　이즈　델타　에어라인쓰 투원쓰리.

☺ What time is the flight leaving?
　　왓　타임　이즈 더　플라잇　리이빙?

☺ At 7 p.m.
　　앳　쎄븐피엠.

☺ Then, please go to Gate 5. You can check the time
　　덴,　플리즈　고우 투　게이트 파이브. 유　캔　쵝　더　타임
table and the gate number on the TV screen.
테이블　앤드　더　게이트　넘버　온 더　티브이 스크린.

☺ Thank you very much.
　　땡-큐　베뤼　머취.

☺ 보스턴 행으로 갈아타려고 합니다.
☺ 비행편은 무엇입니까?
☺ 델타 항공의 213편입니다.
☺ 그 항공편이 몇 시에 출발하기로 되어 있습니까?
☺ 오후 7시입니다.
☺ 5번 탑승구로 가십시오. 그리고 TV 화면으로 시간과 탑승구 번호를 확인할 수 있습니다.
☺ 대단히 고맙습니다.

(12) 기내에서

☺ How long will it take to reach New York?
　　하울-롱　윌 잇 테익 투　뤼치　뉴욕?

☺ **It will take another 5 hours.**
잇 윌 테잌 어나더 파이브 아워즈.

☺ **Could you bring me a blanket, please?**
쿠-쥬 브링 미 어 블랭킷, 플리즈?

☺ **Of course. Anything else?**
어브 코어스. 에니씽 엘스?

☺ **May I have a steamed towel?**
메이 아이 해브 어 스팀드 타월?

☺ **Yes.**
예스.

☺ **Pardon me, what is the local time now?**
파아든 미, 왓 이즈 더 로우컬 타임 나우?

☺ **Let me check the time.**
렛 미 첵 더 타임.

☺ **Thank you.**
땡-큐.

☺ 뉴욕까지 얼마나 걸릴까요?
☺ 5시간 더 가야 할 겁니다.
☺ 그러면 담요 좀 가져다 주시겠습니까?
☺ 그러죠. 더 필요한 게 있습니까?
☺ 뜨거운 물수건을 가져다 주시겠습니까?
☺ 네.
☺ 죄송하지만, 현지 시각으로 지금 몇 시입니까?
☺ 알아보겠습니다.
☺ 감사합니다.

(13) 목적지 도착 안내 방송

Ladies and gentlemen. We have just landed at John F. Kennedy Airport. The local time is 3 p.m.. The weather here is sunny and the temperature is currently 84 degrees Fahrenheit. Please be sure to take all of your belongings when you leave the plane. It has been our great pleasure to have you aboard Korean Airlines. We hope you have enjoyed the flight and that we may have the opportunity to serve you again in the near future. Thank you.

신사, 숙녀 여러분. 우리는 방금 존 F. 케네디 공항에 도착하였습니다. 이곳 뉴욕의 현지 시각은 오후 3시입니다. 이곳 날씨는 화창하며 기온은 화씨 84도입니다. 내리실 때에는 모든 소지품을 가지고 내리십시오. 저희는 여러분을 대한항공 편으로 모신 것을 영광으로 생각합니다. 비행 여행이 즐거우셨기를 바라며, 금후 다시 여러분을 모실 수 있기를 바랍니다. 감사합니다.

(14) 뉴욕 관광 - 자유 여신상

☺ I'd like to visit the most famous places in New York.
　아이들-라익 투 비짓 　더　모스트　페이머스　플레이스　인　　뉴욕.

☺ I recommend that you see "The Statue of Liberty".
　아이　뢰커멘드　댓　유　씨이　더　스태츄 어브 리버티.

☺ Really?
　뤼얼리?

　　☺ 뉴욕에서 가장 유명한 곳을 가 보고 싶습니다.
　　☺ [자유의 여신상]을 보라고 권하고 싶습니다.
　　☺ 그래요?

(15) 분실물 신고하기

☺ What's wrong?
　왓츠　　　뤙?

☺ I have lost my purse.
아이해브 로스트 마이 퍼어스.

☺ Let's call the police.
렛츠 콜 더 폴리쓰.

☺ Good. My passport and visa are in there.
굿. 마이 패쓰포트 앤드 비자 아 인 데어.

☺ That's too bad.
댓츠 투 배드.

☺ I'm in big trouble.
아임 인 빅 트러블.

☺ Do you have any spare money?
두 유 해브 에니 스페어 머니?

☺ Not much.
낫 머취.

☺ Take care of yourself.
테잌 -케어 어브 유어쎌프.

☺ Thanks.
땡쓰.

☺ 무슨 일이에요?
☺ 지갑을 잃었습니다.
☺ 경찰에 신고합시다.
☺ 여권과 비자가 지갑에 들어 있거든요.
☺ 안됐군요.
☺ 매우 곤란한 상황이에요.
☺ 여분 돈을 가지고 계십니까?
☺ 많지는 않습니다.
☺ 조심하세요.
☺ 고마워요.

(16) 도난 증명서 작성하기

☺ What's up?
　　왓츠　업?

☺ I'd like to report a theft.
　　아이들-라익 투 뤼포오트 어　쎈트.

☺ When did you realize your item was stolen?
　　웬　　디-쥬　뤼얼라이즈　유어　아이템　워즈　스톨른?

☺ Last night. I think I had my purse stolen in a restaurant.
　　래스트　나잇. 아이 씽크 아이 해드 마이　퍼어스　스톨른 인 어　뤠스토뤈트.

☺ Please fill out this form.
　　플리즈　필 아웃 디스　포옴.

☺ How about my passport?
　　하우　어바웃 마이　패쓰포트?

☺ Call the Korean Embassy, please.
　　콜　더　코리언　엠버씨,　플리즈.

☺ Thanks a lot.
　　땡쓰　얼-랏.

☺ 무슨 일이십니까?
☺ 도난 증명서를 작성하려고 합니다.
☺ 그 사실을 언제 알게 되었습니까?
☺ 어젯밤입니다. 아마 식당에서 도난당한 것 같습니다.
☺ 이 서류를 작성해 주십시오.
☺ 여권을 어떻게 하나요?
☺ 한국 대사관에 연락하십시오.
☺ 대단히 감사합니다.

(17) 분실물 재발행하기

☺ I'd like to have my traveler's checks reissued.
　아이들-라익 투 해브 마이 트뤠블러스 췍쓰 뤼이슈드.

☺ What happened?
　왓 해픈드?

☺ I had my checks pickpocketed on a subway.
　아이 해드 마이 췍쓰 픽파킷트 온 어 썹웨이.

☺ Do you have your record of the checks and a theft report?
　두 유 해브 유어 뤠코드 어브 더 췍쓰 앤드 어 쎈트 뤼포오트?

☺ Yes. Here you are.
　예스. 히어 유 아.

☺ Where did you purchase them?
　웨어 디-쥬 퍼췌스 뎀?

☺ First Bank in Seoul, Korea.
　퍼스트 뱅크 인 서울, 코리아.

☺ We've confirmed them and we'll reissue them.
　위브 컨펌드 뎀 앤드 위일 뤼이슈 뎀.

☺ Where can I get them?
　웨어 캔 아이 겟 뎀?

☺ You have to go to Manhattan station.
　유 해브 투 고우 투 맨해튼 스테이션.

☺ Thanks.
　땡쓰.

☺ 여행자 수표를 재발행하고 싶습니다.
☺ 무슨 일이 있었습니까?
☺ 전철에서 소매치기당했습니다.
☺ 발행 증명서와 도난 증명서 가지고 오셨습니까?
☺ 네. 여기 있습니다.
☺ 어디에서 구입하셨습니까?

☺ 한국의 서울에 있는 제일은행에서입니다.
☺ 확인되었으니 재발행해드리도록 하겠습니다.
☺ 어디에서 재발행받을 수 있습니까?
☺ 맨해튼 역으로 가시면 됩니다.
☺ 감사합니다.

(18) 귀국 절차 밟기

☺ Can I check in here for a Delta Airlines flight to Seoul?
  캔 아이 첵 인 히어 포 어 델타 에얼라인쓰 플라잇 투 서울?

☺ Yes. May I have your ticket and passport?
  예스. 메이 아이 해브 유어 티킷 앤드 패쓰포트?

☺ Here they are.
  히어 데이 아.

☺ 여기에서 서울행 델타 항공편 체크인을 합니까?
☺ 네. 항공권과 여권을 보여주시겠습니까?
☺ 여기 있습니다.

☺ Would you like a non-smoking or a smoking section?
  우-쥴-라이크 어 난-스모킹 오어 어 스모킹 쎅션?

☺ Non-smoking, please.
  난-스모킹, 플리즈.

☺ Would you like a window seat or an aisle seat?
  우-쥴-라이크 어 윈도우 씨잇 오어 언 아일 씨잇?

☺ A window seat, please.
  어 윈도우 씨잇, 플리즈.

☺ 금연석과 흡연석에서 어디를 원하십니까?
☺ 금연석으로 주세요.
☺ 창가 쪽 아니면 통로 쪽 좌석을 원하십니까?
☺ 창가 쪽 좌석으로 주세요.

☺ How many pieces of luggage do you have?
   하우 메니 피씨즈 어브 러기쥐 두 유 해브?

☺ I have three.
   아이 해브 쓰리.

☺ Fine. Here's your boarding pass. You have to board at gate 3.
   파인. 히어즈 유어 보어딩 패쓰. 유 해브 투 보어드 앳 게이트 쓰리.

☺ Thank you.
   땡-큐.

☺ Have a good flight.
   해브 어 굿 플라잇.

☺ 짐은 몇 개입니까?
☺ 세 개입니다.
☺ 됐습니다. 탑승권을 받으세요. 3번 출구에서 탑승하시면 됩니다.
☺ 고맙습니다.
☺ 좋은 여행이 되십시오.

창이와 함께 영어 회화 배우기

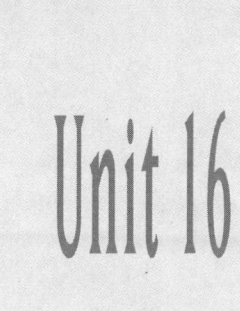

날짜, 요일, 시간
Asking the Date, the Day, and the Time

(1) 날짜 묻기

(2) 요일 묻기

(3) 시간 묻기

(4) 시계 고장

(5) 개막, 개봉시간 묻기

(6) 영업시간 묻기

(7) 기간 묻기

Unit 16 날짜, 요일, 시간
Asking the Date, the Day, and the Time

(1) 날짜 묻기

☺ What's the date today?
  왓츠 더 데이트 투데이?

☺ It's August 28th. Why?
  잇츠 어거스트 트웬티에잇쓰. 와이?

☺ Today is my birthday.
  투데이 이즈 마이 버쓰데이.

☺ Really? Happy Birthday!
  뤼얼리?   해피   버쓰데이!

☺ Thanks.
  땡쓰.

☺ 오늘 며칠인가요?
☺ 8월 28일입니다. 왜요?
☺ 오늘이 내 생일이에요.
☺ 정말이요? 축하합니다!
☺ 감사합니다.

(2) 요일 묻기

☺ What day of the week is it?
  왓 데이 어브 더 윅 이즈 잇?

☺ It's Monday.
  잇츠 먼데이.

☺ I have a big test this week.
  아이 해브 어 빅 테스트 디스 윅.

☺ Uh huh, so you didn't go to the party last Saturday.
  우후, 쏘우 유 디든트 고우 투 더 파아티 래스트 쌔러데이.

☺ No I didn't, I stayed home on Sunday.
  노우 아이 디든트, 아이 스테이드 홈 온 썬데이.

☺ Because of the test?
  비코우즈 어브 더 테스트?

☺ Of course. It is important to me.
  어브 코어스. 잇 이즈 임포오턴트 투 미.

☺ What day will you take the test?
  왓 데이 윌 유 테이크 더 테스트?

☺ On Friday.
  온 프라이데이.

☺ 오늘은 무슨 요일인가요?
☺ 월요일입니다.
☺ 이번 주에 큰 시험이 있어요.
☺ 아하, 그래서 당신 지난 토요일 파티에 오지 않았군요.
☺ 예, 일요일에도 집에 있었답니다.
☺ 그 시험 때문예요?
☺ 물론이죠. 그 시험은 내게 중요해요.
☺ 무슨 요일에 그 시험을 치르나요?
☺ 금요일입니다.

> **Note**
> - 일주일은 7일(seven days)(세븐 데이즈)로 구성되어 있는데, 미국에서는 일반적으로 월요일에서 금요일까지를 week(웍)으로 그리고 토요일과 일요일을 weekend(위켄드)로 표현한다.
> - 일요일 Sunday(썬데이) / 월요일 Monday(먼데이) / 화요일 Tuesday(튜즈데이) 수요일 Wednesday(웬즈데이) / 목요일 Thursday(써즈데이) 금요일 Friday(프라이데이) / 토요일 Saturday(쌔러데이)

(3) 시간 묻기

☺ What time is it now?
  왓 타임 이즈잇 나우?

☺ It's 6 : 30 p.m.
  잇츠 씩스 써티 피엠.

☺ Well, let's call it a day.
  웰, 렛츠 콜 잇 어 데이.

☺ Okay.
  오우케이.

☺ 지금 몇 시입니까?
☺ 오후 6시 30분입니다.
☺ 그러면 오늘은 여기에서 그만하지요.
☺ 알았습니다.

> **Note**
> - 시간에 대한 답은 여러 가지로 표현할 수 있다.
>   6시 = six o'clock (씩쓰 어클락) / 6시 5분 = six oh five (씩쓰 오 파이브)
>   6시 15분 = six fifteen (씩쓰 핍틴) / 6시 30분 = six thirty (씩쓰 써티)
>   6시 45분 = six forty-five (씩쓰 포티-파이브)

Unit 16 날짜, 요일, 시간

- 몇 시입니까? 에 대한 물음은 여러 가지가 있다.
  What time is it? (왓 타임 이즈 잇?)
  Do you have the time? (두 유 해브 더 타임?)
  What time do you have? (왓 타임 두 유 해브?)
  Please tell me the time. (플리즈 텔 미 더 타임.)
  Could you tell me the time please? (쿠-쥬 텔 미 더 타임, 플리즈?)

- '시간(여유) 있으세요?' 라는 의미의 표현인 "Do you have time? (두 유 해브 타임) (= Are you free?)" 과 구분해서 "Do you have the time?" (두 유 해브 더 타임)이라는 표현이 시간을 묻는 표현이라는 것을 혼동하지 않도록 주의하자.

(4) 시계 고장

☺ What time is it now?
　　왓　　타임 이즈잇 나우?

☺ Just a moment. It's 10:20.
　　저스트 어　　모먼트.　　잇츠 텐 트웰브.

☺ That's not possible. It's afternoon now.
　　댓츠　　낫　　파써블.　　잇츠 애프터누운　　나우.

☺ Oops! My watch has stopped.
　　웁스!　마이　왓취　해즈　스탑트.

> ☺ 지금 몇 시인가요?
> ☺ 잠깐만요. 10시 20분입니다.
> ☺ 있을 수 없는 일이에요. 지금 오후입니다.
> ☺ 맙소사! 시계가 고장이에요.

(5) 개막, 개봉시간 묻기

☺ What time does the opera "Cats" start?
왓 타임 더즈 디 아퍼러 "캣츠" 스타트?

☺ It starts at 6:30.
잇 스타츠 앳 씩쓰 써티.

☺ And when does it end?
앤드 웬 더즈 잇 엔드?

☺ It finishes at 9:30.
잇 피니쉬즈 앳 나인 써티.

> ☺ "캣츠" 오페라가 몇 시에 시작합니까?
> ☺ 6시 30분에 시작합니다.
> ☺ 그리고 언제 끝나나요?
> ☺ 9시 30분에 끝납니다.

☺ What time does the movie start?
왓 타임 더즈 더 무비 스타트?

☺ It starts at 8 o'clock.
잇 스타츠 앳 에잇 어클락.

☺ And what time does it end?
앤드 왓 타임 더즈 잇 엔드?

☺ It finishes at 9:50.
잇 피니쉬즈 앳 나인 핍티.

> ☺ 영화 상영은 몇 시인가요?
> ☺ 8시 정각에 시작합니다.
> ☺ 그리고 몇 시에 끝나요?
> ☺ 9시 50분에 끝납니다.

(6) 영업시간 묻기

☺ Hello. What time does the drugstore open?
헬로우.　왓　타임　더즈　더　드럭스토어　오픈?

☺ It opens at 8:30 a.m.
잇　오픈스　앳 에잇 써티 에이엠.

☺ And what time does it close?
앤드　왓　타임　더즈 잇 클로우즈?

☺ It closes at 8:00 p.m.
잇 클로우지즈 앳　에잇　피엠.

> ☺ 여보세요. 약국이 몇 시에 문을 여나요?
> ☺ 8시 30분에 영업을 시작합니다.
> ☺ 그러면 몇 시에 문을 닫나요?
> ☺ 오후 8시입니다.

☺ Pizza Hut. May I help you?
핏자　헛.　메이 아이 헬프　유?

☺ Hello. Could you tell me what time you open?
헬로우.　쿠-쥬　텔　미　왓　타임　유　오픈?

☺ We open at 9:30 a.m.
위　오픈　앳 나인 써티 에이엠.

☺ And when do you close?
앤드　웬　두　유　클로우즈?

☺ We close at 10:30 p.m.
위 클로우즈 앳　텐 써티 피엠.

> ☺ "피자 헛" 입니다. 도와 드릴까요?
> ☺ 여보세요. 몇 시에 문을 여는지 가르쳐 주세요.
> ☺ 9시 30분입니다.
> ☺ 언제 문을 닫나요?
> ☺ 10시 30분입니다.

(7) 기간 묻기

☺ How long have you been here in Korea?
하울-롱   해브 유   빈   히어 인 코리아?

☺ About five years.
어바웃 파이브 이어즈.

☺ That's a long time.
댓츠 어 롱 타임.

☺ Yes. I miss my family a lot.
예스. 아이 미쓰 마이 패밀리 얼-랏.

☺ How long does it take to go there by plane?
하울-롱   더즈 잇 테익 투 고우 데어 바이 플레인?

☺ It takes two days.
잇 테익스 투 데이즈.

☺ How long do you plan to stay here?
하울-롱   두 유 플랜 투 스테이 히어?

☺ Another two years.
어나더   투   이어즈.

☺ Enjoy your stay.
인조이   유어 스테이.

☺ 여기 한국에서 얼마 동안 계셨어요?
☺ 약 5년 정도입니다.
☺ 긴 시간이군요.
☺ 예, 그래서 가족이 무척 그립습니다.
☺ 비행기로 가는 데 며칠 걸려요?
☺ 이틀 정도 걸립니다.
☺ 그러면 여기에서 얼마 정도 더 머무를 계획입니까?
☺ 2년 더 있을 겁니다.
☺ 조심하세요.

> **Note**
>
> - "얼마 동안 — 하셨나요?"라는 질문은 "How long— ?"을 활용할 수 있다.
>
>   **How long have you known her?** (그녀를 안 지 얼마 되었나요?)
>   하울-롱 해브 유 노운 허?
>
>   **How long does it take to drive from Seoul to Busan?**
>   하울-롱 더즈 잇 테익 투 드롸이브 프롬 서울 투 부산?
>   서울에서 부산까지 운전하는 데 얼마나 걸렸나요?
>
>   **How long did it take to finish the work?**
>   하울-롱 디드 잇 테익 투 피니쉬 더 워크?
>   그 일을 마치는 데 얼마가 걸렸나요?
>
>   **How long do you plan to stay there?**
>   하울-롱 두 유 플랜 투 스테이 데어?
>   거기에서 얼마 동안 머무를 계획입니까?

창이와 함께 영어 회화 배우기

Unit 17

여 가
Leisure Time

(1) TV 보기

(2) 음악 감상

(3) 스포츠

(4) PC게임

(5) 영화관

(6) 노래방

(7) 외출

17 여가
Leisure Time

(1) TV 보기

☺ What do you do in your free time?
왓 두 유 두 인 유어 프뤼 타임?

☺ I usually watch TV.
아이 유주얼리 왓취 티브이.

☺ What kinds of programs do you like best?
왓 카인즈 어브 프로그램 두 율-라이크 베스트?

☺ Quiz programs.
퀴즈 프로그램쓰.

☺ 여가 시간에 무엇을 하나요?
☺ 대개 텔레비전을 봅니다.
☺ 무슨 프로를 가장 좋아하나요?
☺ 퀴즈 프로입니다.

☺ Are there any good programs on TV tonight?
아 데어 에니 굿 프로그램쓰 온 티브이 투나잇?

☺ Yes, the movie *Terminator 2* starring Arnold Swartzenegar is on.
예스, 더 무비 터미네이터 투 스타아링 아놀드 슈왈츠제너거 이즈 온.

☺ Oh! I don't like him.
　오! 아이 도운틀 –라이크 힘.

☺ Why not?
　와이　낫?

☺ He's too muscular.
　히즈　투　머스큘러.

☺ You're kidding.
　유어　키딩.

☺ 오늘 밤 텔레비전에 좋은 프로가 있나요?
☺ 예, 슈왈츠제네거 주연의 "터미네이터 2" 영화가 있어요.
☺ 맙소사! 난 그 사람 좋아하지 않아요.
☺ 왜요?
☺ 너무 근육질이에요.
☺ 말도 안 돼요.

☺ What do you do in your spare time?
　왓　두 유 두 인　유어　스페어　타임?

☺ I watch TV.
　아이 왓취 티브이.

☺ Do you watch a lot of television?
　두　유　왓취　얼–랏 어브　텔레비전?

☺ Yes, whenever I have the chance.
　예스,　웬에버　아이 해브　더　챈스.

☺ Maybe you are a TV maniac.
　메이비　유　아 어 티브이 메니액.

☺ 여가 시간에 무엇을 하나요?
☺ 텔레비전을 봅니다.

☺ 텔레비전을 많이 보나요?
☺ 예. 기회가 있을 때마다 봅니다.
☺ 당신은 텔레비전 광인 것 같군요.

Note
● TV보는 것을 광적으로 좋아하는 사람을 maniac(메니액) 또는 addict(애딕트)라고 한다.

(2) 음악 감상

☺ What do you do in your leisure time?
　왓　두　유　두　인　유어　레줘　타임?

☺ I listen to music.
　아이 리쓴　투　뮤직.

☺ What kind of music do you like?
　왓　카인드 어브　뮤직　두　율-라익?

☺ Classical.
　클래씨컬.

☺ Really? I don't like it. It's too difficult for me to understand.
　뤼얼리? 아이 도운틀-라익 잇. 잇츠 투　디피컬트　포　미　투　언더스탠드.

☺ Listening to Classical is one of my favorite forms
　리쓰닝　투　클래씨컬　이즈 원 어브 마이　페이붜릿　포옴쓰
　of relaxation.
　어브　륄렉세이션.

☺ 여가 시간에 무엇을 하나요?
☺ 음악을 들어요.
☺ 어떤 음악을 좋아하세요?
☺ 고전 음악을 좋아해요.
☺ 글쎄, 난 좋아하지 않아요. 내게는 어려워요.
☺ 고전 음악을 듣는 것이 내게는 가장 즐겨 하는 휴식의 한 방법이에요.

> **Note**
> ● 듣다라는 표현은 크게 hear(히어)와 listen to(리쓴 투)가 있다. 주어가 주의를 기울여서 듣는 경우나 자신이 원해서 듣는 경우는 listen to(리쓴 투)가 더 적합하다.

(3) 스포츠

☺ What do you do in your free time?
왓 두 유 두 인 유어 프뤼 타임?

☺ I play tennis.
아이 플레이 테니스.

☺ Why do you like that sports?
와이 두 율-라익 댓 스포오츠?

☺ Because it is a popular recreational activity here.
비코우즈 잇 이즈 어 파퓰러 뤠크리에이셔널 액티뷔티 히어.

☺ 여가 시간에 무엇을 하나요?
☺ 테니스를 합니다.
☺ 그 스포츠를 좋아하는 이유가 있나요?
☺ 여기에서는 즐겨 하는 여가 선용의 스포츠예요.

☺ Are you free tomorrow afternoon?
아 유 프뤼 투머로우 애프터누운?

☺ Why?
와이?

☺ How about going swimming for a change?
하우 어바웃 고잉 스위밍 포 어 췌인쥐?

☺ That's a good idea.
댓츠 어 굿 아이디어.

☺ Do you like swimming?
두 율- 라이크 스위밍?

☺ I am mad about it.
아이 앰 매드 어바웃 잇.

☺ 내일 오후에 한가한가요?
☺ 왜요?
☺ 기분 전환으로 수영하러 가는 게 어때요?
☺ 좋은 생각이에요.
☺ 수영 좋아하세요?
☺ 거의 광적이에요.

Note

- 실내(실외) 수영장 indoor(outdoor) swimming pool
  인도어 (아웃도어) 스위밍 풀

  실외 경기장 stadium(스태디움) / 실내체육관 gymnasium(김나지움)

(4) PC 게임

☺ What do you do in your leisure time?
왓 두 유 두 인 유어 레저 타임?

☺ I like to go to PC game rooms.
아이 라익 투 고우 투 피씨 게임 룸스.

☺ What do you do there?
왓 두 유 두 데어?

☺ I play computer games and check my e-mail.
아이 플레이 컴퓨터 게임쓰 앤드 첵 마이 이-메일.

☺ Really? That's interesting.
뤼얼리? 댓츠 인터뤠스팅.

☺ Sometimes I use chat rooms.
　　썸타임즈　아이 유즈　챗　룸스.

☺ 여가 시간에 무엇을 하나요?
☺ PC 게임방에 가는 것을 좋아해요.
☺ 거기에서 무엇을 하는데요?
☺ 컴퓨터 게임도 하고 이-메일 편지도 확인합니다.
☺ 정말이요? 그거 재미있군요.
☺ 때로는 채팅도 합니다.

(5) 영화관

☺ What do you do in your free time?
　　왓　두　유　두　인　유어　프뤼　타임?

☺ I usually go to the movies.
　　아이 유주얼리 고우 투　더　무뷔즈.

☺ That must get very expensive.
　　댓　머스트　겟　붸리　익스펜씨브.

☺ It does. However I prefer to see the movies in the theater
　　잇　더즈.　하우에버 아이 프뤼퍼 투 씨이 더　무뷔즈 인 더　씨어터

rather than at home.
레이더　댄　앳　홈.

☺ How about video rooms?
　　하우　어바웃　뷔디오　룸스?

☺ I don't like them. I need a large screen.
　　아이 도운틀-라이크 뎀.　아이 니드 어 라아쥐　스크륀.

☺ 여가 시간에 무엇을 하나요?
☺ 대개 영화 보러 갑니다.
☺ 하지만 돈이 많이 들잖아요.
☺ 그래요. 하지만 난 영화관에서 보는 것을 더 좋아해요.

☺ 비디오방은 어때요?
☺ 싫어해요. 난 큰 화면으로 영화를 보고 싶어요.

(6) 노래방

☺ How do you spend your free time?
하우 두 유 스펜드 유어 프뤼 타임?

☺ I go to singing rooms.
아이 고우 투 씽잉 룸스.

☺ That's interesting. Do you go there by yourself?
댓츠 인터뤠스팅. 두 유 고우 데어 바이 유어쎌프?

☺ Sometimes.
썸타임즈.

☺ Really? I can't go there alone.
뤼얼리? 아이 캔트 고우 데어 얼론.

☺ When I am stressed out, I find singing helpful.
웬 아이 앰. 스트레쓰트 아웃, 아이 파인드 씽잉 헬프풀

☺ Maybe so, but I can't go there by myself.
메이비 쏘우, 벗 아이 캔트 고우 데어 바이 마이쎌프.

☺ 여가 시간을 어떻게 보내십니까?
☺ 노래방에 갑니다.
☺ 재미있군요. 혼자서 갑니까?
☺ 때로는 그래요.
☺ 난 혼자서 갈 수 없어요.
☺ 스트레스가 많을 땐 도움이 됩니다.
☺ 어쨌든, 혼자서는 갈 수 없어요.

(7) 외출

☺ **What do you do in your leisure time?**
왓 두 유 두 인 유어 레저 타임?

☺ **I go out.**
아이 고우 아웃.

☺ **Where?**
웨어?

☺ **I usually go to the park near my house.**
아이 유주얼리 고우 투 더 파아크 니어 마이 하우스.

☺ **What do you do there?**
왓 두 유 두 데어?

☺ **I sit on the bench and watch people walking by.**
아이 씻 온 더 벤취 앤드 왓취 피플 워킹 바이.

☺ **That is a good way to kill time.**
댓 이즈어 굿 웨이 투 킬 타임.

☺ **I guess, but I enjoy it.**
아이 게쓰, 벗 아이 인조이 잇.

☺ 여가 시간에 무엇을 하나요?
☺ 외출합니다.
☺ 어디로?
☺ 주로 집 근처에 있는 공원에 갑니다.
☺ 거기에서 무엇을 하나요?
☺ 의자에 앉아서 지나가는 사람들을 구경합니다.
☺ 시간 보내기 좋은 방법인 것 같군요.
☺ 그래요, 하지만 난 그것을 즐깁니다.

창이와 함께 영어 회화 배우기

대 화
Conversations

(1) 제안
(2) 권유
(3) 제의
(4) 허락
(5) 요청
(6) 의견-1
(7) 의견-2
(8) 감사
(9) 사죄

대 화
Conversations

(1) 제안

☺ **How about going for a walk?**
  하우 어바웃 고잉 포 어 워크?

☺ **Sounds good.**
  싸운즈 굿.

☺ **Let's meet in front of your house.**
  렛츠 밋 인 프론트 어브 유어 하우스.

☺ **Alright. Where do you want to go?**
  올롸잇. 웨어 두 유 원-투 고우?

☺ **To the park.**
  투 더 파아크.

☺ 산보하러 갈까요?
☺ 좋은 생각이에요.
☺ 집 앞에서 만납시다.
☺ 알았어요. 그런데 어디로 갈 건가요?
☺ 공원으로 갑시다.

Note

- 상대방에게 "-할까요?"라고 제안하는 표현

  드라이브 갈까요?

  How about going for a drive? / What about going for a drive?
  하우 어바웃 고잉 포 어 드라이브? 왓 어바웃 고잉 포 어 드라이브?

  Let's go for a drive. / Shall we go for a drive?
  렛츠 고우 포 어 드라이브. 쉘 위 고우 포 어 드라이브?

  Why don't we go for a drive? / Why not go for a drive?
  와이 도운트 위 고우 포 어 드라이브? 와이 낫 고우 포 어 드라이브?

- 이 제안에 대한 답으로 허락하는 경우

  좋아요.

  That sounds good. / That sounds great. / That sounds fine.
  댓 싸운즈 굿. 댓 사운즈 그뤠잇. 댓 사운즈 파인.

  That'll be fine. / I'd love to. / I'd be happy to.
  댓일 비 파인. 아이들-러브 투. 아이드 비 해피 투.

  That's a good idea.
  댓츠 어 굿 아이디어.

- 이 제안에 거절하는 경우

  죄송하지만, …

  Thank you, but I'm busy. / No, thank you. / I'd love to, but …
  땡-큐, 벗 아임 비지. 노우, 땡-큐. 아이들-러브 투, 벗…

  I'm sorry, but …
  아임 쏘오리, 벗…

(2) 권유

☺ **Would you like some more milk?**
우-줄-라익 썸 모어 밀크?

☺ **Yes, please.**
예스, 플리즈.

☺ 우유 좀더 드시겠어요?
☺ 예, 주세요.

Note
- 음식을 권하는 경우에는 대부분 "Would you like…?"(우-줄-라익…?)(~하시겠어요?)를 사용한다. 즉, 권한 음식을 먹겠느냐는 질문이다. 그러나 "Do you like…?"(두 율-라익…?)(~좋아합니까?)라는 문장은 그 음식을 좋아하느냐의 의미로 그 사람에게 기호를 묻는 표현이다.

(3) 제의

☺ May I help you?
　메이 아이 헬프　유?

☺ Yes, please.
　예스,　플리즈.

☺ What do you need?
　왓　두 유　니드?

☺ I'm looking for a shirt.
　아임　룩킹　포 어 셔츠.

☺ 도와드릴까요?
☺ 예.
☺ 무엇을 원하시는데요?
☺ 셔츠를 하나 사려고 합니다.

> **Note**
>
> ● 상대방에게 호의적으로 도움을 제의하는 경우
>
> 도와드릴까요?
>
> May I help you? / Can I help you? / What can I do for you?
> 메이 아이 헬프 유?   캔 아이 헬프 유?   왓 캔 아이 두 포 유?

☺ **You look tired.**
  유 룩 타이어드.

☺ **Yes, I am.**
  예스, 아이 앰.

☺ **Why don't you take a break?**
  와이 도운-츄 테익 어 브레이크?

☺ **That's a good idea.**
  댓츠 어 굿 아이디어.

☺ 피곤해 보여요.
☺ 예.
☺ 좀 쉬는 게 어때요?
☺ 좋은 생각이에요.

> **Note**
>
> ● 상대방에게 "Why don't you…?(와이 도운-츄…?)(~하지 그래요?)" 라는 표현과 "Why don't we…?(와이 도운트 위…?) (우리 ~할까요?)라는 표현이 있다.

(4) 허락

☺ Could I take the afternoon off?
쿠드 아이 테잌 디 애프터누운 오프?

☺ No. We have lots of work to do.
노우. 위 해브 랏츠 어브 웤 투 두.

☺ Please. I have a date.
플리즈. 아이 해브 어 데이트.

☺ I'm sorry, but that is your personal business.
아임 쏘오리, 벗 댓 이즈 유어 퍼쓰널 비즈니쓰.

> ☺ 오늘 오후 조퇴해도 될까요?
> ☺ 안돼요. 할 일이 너무 많아요.
> ☺ 제발. 오늘 데이트가 있거든요.
> ☺ 그것은 사적인 일이잖아요.

Note

● 상대방에게 허락을 요청할 경우

오늘 오후 조퇴해도 될까요?

May I have the afternoon off? / Can I take the afternoon off?
메이 아이 해브 디 애프터누운 오프? / 캔 아이 테잌 디 애프터누운 오프?

Could I have the afternoon off?
쿠드 아이 해브 디 애프터누운 오프?

(5) 요청

☺ Can you pick me up today?
캔 유 픽 미 업 투데이?

☺ Sure, when do you want to leave?
슈어, 웬 두 유 원-투 리이브?

☺ At six.
   앳 씩스.

☺ Okay. See you then.
   오우케이. 씨이 유 덴.

> ☺ 오늘 저를 태워다 주시겠어요?
> ☺ 물론이죠, 언제 퇴근하세요?
> ☺ 여섯시에요.
> ☺ 알았어요. 그때 봐요.

Note

● 상대방에게 적극적으로 해 달라고 요청하는 경우

기차역까지 데려다 주시겠어요?
Can you take me to the station?
캔 유 테잌 미 투 더 스테이션?

Could you give me a lift to the station?
쿠-쥬 기브 미 어 리프트 투 더 스테이션?

Would you take me to the station?
우-쥬 테잌 미 투 더 스테이션?

Will you take me to the station?
윌 유 테잌 미 투 더 스테이션?

(6) 의견-1

☺ How would you like your steak?
   하우 우-줄-라잌 유어 스테잌?

☺ Medium, please.
   미디엄, 플리즈.

☺ How about you, sir?
　하우　어바웃　유, 써?

☺ Well-done, please.
　웰-던,　플리즈.

☺ 스테이크를 어떻게 해드릴까요?
☺ 중간 정도 익혀 주세요.
☺ 손님은 어떻게 해드릴까요?
☺ 전 잘 익혀 주세요.

Note

● 상대방에게 의견을 물을 때

　스테이크를 어떻게 요리해 드릴까요?

　How would you like your steak? / How do you like your steak?
　하우　우-줄-라익　유어 스테익?　하우 두 율-라익 유어 스테익?

　How do you want your steak cooked?
　하우 두 유 원트 유어 스테익 쿡트?

● 이 물음에 대한 답으로

　Well-done, please. (잘 익혀 주세요.)
　웰-던,　플리즈.

　Medium, please. (중간 정도 익혀 주세요.)
　미디엄,　플리즈.

　Rare, please. (살짝만 익혀 주세요.)
　뤠어,　플리즈.

(7) 의견-2

☺ What do you think of the new boss?
왓 두 유 씽크 어브 더 뉴 보쓰?

☺ He is energetic.
히 이즈 에너제틱.

☺ You seem to like him.
유 씸 투 라이크 힘.

☺ Yes, probably. Because I got a raise.
예스, 프라버블리. 비코우즈 아이 갓 어 뤠이즈.

> ☺ 새로 온 사장님에 대해 어떻게 생각하세요?
> ☺ 의욕적이에요.
> ☺ 사장님이 마음에 드나 봐요.
> ☺ 예. 아마도 그런가 봐요. 봉급을 올려 주었거든요.

Note

- "그 사람에 대해 어떻게 생각하세요?"

   What do you think about him? / What do you think of him?
   왓 두 유 씽크 어바웃 힘? / 왓 두 유 씽크 어브 힘?

   How do you like him? / How do you feel about him?
   하우 두 율-라익 힘? / 하우 두 유 필 어바웃 힘?

   What's your opinion of him?
   왓츠 유어 오피니언 어브 힘?

- ~라고 생각해요

   I think that he is energetic. (제가 생각할 때 그는 의욕적이에요.)
   아이 씽크 댓 히 이즈 에너제틱.

   Personally, I think he is energetic.
   퍼쓰널리, 아이 씽크 히 이즈 에너제틱.

   In my opinion, he is energetic.
   인 마이 오피니언, 히 이즈 에너제틱.

(8) 감사

☺ **I need your help.**
아이 니드 유어 헬프.

☺ **What's wrong?**
왓츠 륑?

☺ **Please, help me finish my work.**
플리즈, 헬프 미 피니쉬 마이 웤.

☺ **Well, alright.**
웰, 올롸잇.

☺ **I really appreciate it.**
아이 뤼얼리 어프뤼쉬에이트 잇.

☺ **You're welcome.**
유어 웰컴.

☺ 당신 도움이 필요해요.
☺ 뭔데요?
☺ 저 대신 저 일 좀 해주세요.
☺ 알았어요.
☺ 정말 감사합니다.
☺ 천만에요.

Note

● 상대방에게 감사하다는 표현은 thank you(땡-큐)가 일반적이다. 이는 thanks(땡쓰)로 줄여서 사용하기도 한다. 그리고 appreciate(어프뤼쉬에이트)는 같은 의미이지만 목적어로 친절을 베푼 상대방보다는 상대방이 베풀어준 행위를 받는다.

  ex) Thank you for helping me. (땡-큐 포 헬핑 미.)
  　　I appreciate your help. (아이 어프뤼쉬에이트 유어 헬프)

● 상대방에게 감사하다는 표현

  Thank you very much. / Thank you so much.
  땡-큐 붸뤼 머취. / 땡-큐 쏘우 머취.

Thanks a-lot. / Many thanks.
땡쓰 얼-랏. 메니 땡쓰.

That's very kind of you.
댓츠 붸리 카인드 어브 유.

● 상대방이 고맙다고 할 때 "천만에요"라고 대답하는 것이 일반적이다.

You're welcome. / Don't mention it. / Not at all.
유어 웰컴. 도운트 멘션 잇. 낫 앳 올.

(9) 사죄

☺ You are late again!
유 아 레이트 어겐!

☺ I'm so sorry.
아임 쏘우 쏘오리.

☺ What happened today?
왓 해픈드 투데이?

☺ Well, I overslept.
웰, 아이 오버슬렙트.

☺ 또 지각이군요.
☺ 정말 죄송합니다.
☺ 오늘은 무슨 일이 있었나요?
☺ 저, 늦잠을 잤습니다.

Note

- 일반적인 사과 표현

  I'm so sorry. / Excuse me. / I beg your pardon.
  아임 쏘우 쏘오리.　익쓰큐즈 미.　아이 베그 유어 파아든.

  Pardon me, please. / Please forgive me.
  파아든 미, 플리즈.　플리즈 포기브 미.

  I apologize for my mistake.
  아이 어팔러자이즈 포 마이 미스테익.

- 여기에서 pardon(파아든)은 어조를 올리면 "다시 한 번 말씀해 주세요"라는 의미가 되고, 어조를 내리면 "죄송합니다"의 의미로 쓰인다.

- forgive(포어기브)는 아주 큰 잘못이나 중대한 잘못을 저지른 경우에 많이 쓰이며, 특히 종교에서 자주 사용된다.

- 그럴 의도가 아니었습니다.

  I never meant that. (아이 네버 멘트 댓.)

- 어쩔 수가 없었습니다.

  It couldn't be helped. / I couldn't help it.
  잇 쿠즌트 비 헬프트.　아이 쿠든트 헬프 잇.

  I had no choice. / There was no alternative.
  아이 해드 노우 초이스.　데어 워즈 노우 얼터너티브.

  I couldn't do anything about it.
  아이 쿠든트 두 에니씽 어바웃 잇.

- 사죄하는 것에 대한 응답 (괜찮습니다. 신경 쓰지 마세요.)

  That's all right. / Don't worry. / Don't let it bother you.
  댓츠 올 롸잇.　도운트 워뤼.　도운트 렛 잇 보더 유.

  I don't mind at all. / Forget it.
  아이 도운트 마인드 앳 올.　포겟 잇.

  No problem. / It's nothing at all.
  노우 프뤄블럼.　잇츠 낫씽 앳 올.

Unit 19

가능한 다른 표현들
Other Useful Expressions

(1) 오랜만이에요.
(2) 시간이 어떻게 가는지 모를 정도야.
(3) 시간을 지체할 수 없습니다. 빨리 해치웁시다.
(4) 계속 연락합시다.
(5) 친구 좋다는 게 뭔가요?
(6) 과찬이십니다.
(7) 많은 도움이 되었습니다.
(8) 행운을 빌어 줘.
(9) 최선을 다했어.
(10) 미안하지만 갈 수 없을 것 같습니다.
(11) 너무 자주 가서 미움을 사다. 오래 머물러서 미움을 사다.
(12) 오늘은 중요한 날이 아니야.
(13) 사과드립니다.
(14) 사과를 받아들이겠습니다.
(15) 네 말이 맞아, 정말 그래.
(16) 받을 만합니다.
(17) 생각이 안 납니다. 잊었습니다.
(18) 농담하세요?
(19) 재미있는 곳에 갑시다. 춤추러 갑시다.
(20) 생각 좀 해보구요.
(21) 먼저 하세요.
(22) 길을 잃으셨나요?
(23) 여기가 어디입니까?
(24) 빵 좀 드세요.
(25) 자리에 앉으세요.
(26) 웃어 보세요.
(27) 당신과는 상관없습니다.
(28) 다녀왔습니다.
(29) 차 조심해.
(30) 정말 큰일 날 뻔했구나.
(31) 말 조심하세요.
(32) 그를 참을 수가 없어요.
(33) 잊어버려요. 그만해요.
(34) 전화를 잘못 걸었어요.
(35) 간단히 먹다.
(36) 빨리 먹고 가보겠습니다.
(37) 창피한 일이에요.
(38) 이거 받으세요. 여기 있습니다.
(39) 내가 낼게.
(40) 보고 싶어 죽겠어.
(41) 그럴 수 있어요. 가능성이 있지요.
(42) 좋은 취향을 지니셨군요.
(43) 문이 잠겼습니다.
(44) 한숨 돌렸습니다.
(45) 시간이 없는데요.
(46) 대가를 치르다. 희생을 치르다.
(47) 운전하는 중이다.
(48) 놀랄 일도 아니에요.
(49) 싼 겁니다.
(50) 변명하지 마세요.
(51) 축의금입니다.

가능한 다른 표현들
Other Useful Expressions

(1) Long time no see! - 오랜만이에요.

☺ Long time no see!
   롱   타임 노우 씨.

☺ It's been ages.
   잇츠 빈 에이지즈.

☺ How's it going?
   하우즈 잇 고잉?

☺ I'm fine. How about you?
   아임 파인. 하우 어바웃 유?

☺ Good. Thanks.
   굿.   땡쓰.

☺ 오랜만이에요.
☺ 정말 오랜만입니다.
☺ 어떻게 지냈어요?
☺ 잘 지내고 있습니다. 당신은요?
☺ 좋습니다. 고맙습니다.

(2) I haven't been able to keep track of time.
시간이 어떻게 가는지 모를 정도야.

☺ How have you been?
하우 해브 유 빈?

☺ I've been very busy.
아이브 빈 붸리 비지.

☺ With what?
위드 왓?

☺ I have to finish the project by this week.
아이 해브 투 피니쉬 더 프로젝트 바이 디스 윜.

☺ You're always working.
유아 올웨이즈 워킹.

☺ Yes. I haven't been able to keep track of time.
예스. 아이 해븐트 빈 에이블 투 킵 트뢕 어브 타임.

☺ 요즘 어떻게 보내세요?
☺ 아주 바빠요?
☺ 무엇 때문에요?
☺ 이번 주까지 프로젝트를 끝내야 하거든요.
☺ 당신은 항상 일하는군요.
☺ 네. 시간이 어떻게 가는지 모를 정도예요.

(3) This can't wait. - 시간을 지체할 수 없습니다. 빨리 해치웁시다.

☺ Should we work late today?
슈드 위 웤 레이트 투데이?

☺ Yes. This can't wait.
예스. 디스 캔트 웨잇.

☺ I had a date tonight.
아이 해드 어 데이트 투나잇.

☺ I'm sorry. I'll give you bonus later.
아임 쏘오리. 아일 기브 유 보우너스 레이터.

☺ 오늘 늦게까지 일해야 하나요?
☺ 네. 이 일은 지체할 수 없어요.
☺ 오늘 밤 데이트가 있었는데.
☺ 미안해요. 나중에 보너스를 줄게요.

(4) Let's keep in touch. - 계속 연락합시다.

☺ I miss you so much.
아이 미스 유 쏘우 머취.

☺ Give me a call.
기브 미 어 콜.

☺ Let's keep in touch.
렛츠 킵 인 터치.

☺ 당신이 정말 보고 싶을 거예요.
☺ 전화하세요.
☺ 계속 연락합시다.

(5) What are friends for? - 친구 좋다는 게 뭔가요?

☺ I really appreciate your help.
아이 뤼얼리 어프뤼쉬에이트 유어 헬프.

☺ Don't mention it.
도운트 멘션 잇.

☺ I didn't expect you help.
아이 디든트 익쓰펙트 유 헬프.

☺ **What are friends for?**
   왓 아 프렌즈 포?

> ☺ 당신 도움에 정말 감사드려요.
> ☺ 그러지 마세요.
> ☺ 당신이 도와 주리라고는 생각지 못했어요.
> ☺ 친구 좋다는 게 뭔가요?

(6) I'm flattered. - 과찬이십니다.

☺ **You did well.**
   유 디드 웰.

☺ **Thank you. It wasn't so difficult.**
   땡-큐. 잇 워즌트 쏘우 디피컬트.

☺ **But I didn't pass the test. I envy you.**
   벗 아이 디든트 패쓰 더 테스트. 아이 엔뷔 유.

☺ **I'm flattered.**
   아임 플래터드.

> ☺ 정말 잘했어요.
> ☺ 감사합니다. 별로 어려운 일이 아니었어요.
> ☺ 난 그 시험을 통과하지 못했거든요. 당신이 부러워요.
> ☺ 과찬이십니다.

(7) You couldn't have been more helpful.
   많은 도움이 되었습니다.

☺ **Did you get the driver's license?**
   디-쥬 겟 더 드라이버쓰 라이쎈스.

☺ Of course. You taught me very well.
　어브 코어쓰.　유　토-트　미　붸리　웰.

☺ You're welcome.
　유어　　　웰컴.

☺ You couldn't have been more helpful.
　유　쿠든트　해브　빈　모어　헬프풀.

> ☺ 면허증을 따셨나요?
> ☺ 물론입니다. 당신이 잘 가르쳐 주셨잖아요.
> ☺ 천만에요.
> ☺ 많은 도움이 되었습니다.

(8) Keep your fingers crossed for me. - 행운을 빌어 줘.

☺ I'm very nervous about the interview.
　아임　붸리　너붜스　어바웃　디　인터뷰.

☺ Don't worry about it.
　도운트　워뤼　어바웃 잇.

☺ Keep your fingers crossed for me.
　킵　유어　핑거스　크로스트　포　미.

☺ I will. Do your best.
　아이 윌.　두　유어　베스트.

> ☺ 면접에 신경이 많이 쓰여요.
> ☺ 걱정하지 말아요.
> ☺ 행운을 빌어 주세요.
> ☺ 그럴게요. 최선을 다하세요.

Unit 19 가능한 다른 표현들

(9) I tried my best. - 최선을 다했어.

☺ How was the test?
　　하우 워즈 더 테스트?

☺ Not good, but I tried my best.
　　낫 굿, 벗 아이 트롸이드 마이 베스트.

☺ Take a rest or take a bath. You deserve it.
　　테이크 어 뤠스트 오어 테이크 어 배쓰. 유 디저브 잇.

> ☺ 시험은 어땠어?
> ☺ 잘 보지 못했어, 하지만 최선을 다했어.
> ☺ 쉬던가 아니면 목욕탕에 갔다오든가 그래. 넌 그럴 만해.

(10) I am sorry I can't make it. - 미안하지만 갈 수 없을 것 같습니다.

☺ Did you remember the party?
　　디-쥬 뤼멤버 더 파아티?

☺ Yes I did, but I can't make it. I'm sorry.
　　아이 아이 디드, 벗 아이 캔트 메이크 잇. 아임 쏘오리.

☺ Why not?
　　와이 낫?

☺ My parents are visiting me that day.
　　마이 패어뤈츠 아 뷔짓팅 미 댓 데이.

☺ That's too bad. Maybe next time.
　　댓츠 투 배드. 메이비 넥스트 타임.

> ☺ 파티 잊지 않으셨지요?
> ☺ 기억하고 있습니다, 하지만 갈 수 없을 것 같습니다.
> ☺ 왜 못 오시는데요?
> ☺ 부모님이 오신답니다.
> ☺ 안됐군요. 그럼 다음 기회에 보기로 하지요.

(11) Wear out one's welcome.
　　너무 자주 가서 미움을 사다. 오래 머물러서 미움을 사다.

☺ I must go now.
　아이 머스트 고우 나우.

☺ Why? We didn't finish the food.
　와이? 위 디든트 피니쉬 더 푸드.

☺ I have had enough.
　아이 해브 해드 이너프.

☺ Try some more, please.
　트라이 썸 모어, 플리즈.

☺ No thanks. I don't want to wear out my welcome.
　노우 땡쓰. 아이 도운트 원-투 웨어 아웃 마이 웰컴.

☺ Don't worry. Please make yourself comfortable.
　도운트 워뤼. 플리즈 메이크 유어쎌프 컴포어터블.

☺ 이제 가 봐야겠습니다.
☺ 왜요? 아직 음식을 다 먹지도 않았잖아요?
☺ 충분히 먹었습니다.
☺ 더 드세요.
☺ 됐습니다. 그리고 너무 오래 머물러서 미움을 사고 싶지 않네요.
☺ 걱정하지 마세요. 편하게 계세요.

---

(12) Today is not the big day. - 오늘은 중요한 날이 아니야.

☺ Wow! What's up?
　와우! 왓츠 업?

☺ Today isn't the big day.
　투데이 이즌트 더 빅 데이.

☺ Why did you cook lots of food?
　와이 디-쥬 쿡 랏츠 어브 푸드?

☺ Just I want to have a small party.
　저스트 아이 원 - 투　해브 어　스몰　파아티.

☺ Anyway, I'll enjoy them.
　에니웨이,　아일 인조이　뎀.

☺ 와우! 무슨 일인가요?
☺ 중요한 날은 아니에요.
☺ 왜 이런 많은 음식을 준비했어요?
☺ 그냥 간단한 파티를 열고 싶었을 뿐이에요.
☺ 어쨌든 음식 잘 먹겠습니다.

---

(13) I owe an apology. - 사과드립니다.

☺ How could you say that in front of my friends?
　하우　쿠-쥬　쎄이　댓　인 프뤈트 어브 마이　프뤤즈?

☺ I'm so sorry. I don't understand myself sometimes.
　아임　쏘우 쏘오리.　아이 도운트　언더스탠드　마이쎌프　썸타임즈.

☺ I was very embarrassed.
　아이 워즈 붸리　임베뤄스트.

☺ I owe you an apology.
　아이 오우　유　언　어팔러쥐.

☺ 친구들 앞에서 어떻게 그렇게 말할 수 있지요?
☺ 정말 미안해요. 나도 때로 제 자신을 이해할 수가 없어요.
☺ 정말 당황했어요.
☺ 당신에게 사과드립니다.

(14) I accept your apology. - 사과를 받아들이겠습니다.

☺ Could you excuse me for my bad habit?
    쿠-쥬   익쓰큐즈 미 포 마이 배드 해빗?

☺ Well, I was very angry at you.
    웰, 아이 워즈 붸뤼 앵그뤼 앳 유.

☺ I owe you an apology.
    아이 오우 유 언 어팔러쥐.

☺ I accept your apology.
    아이 억쎕트 유어 어팔러쥐.

> ☺ 제 경거망동을 용서해 주시겠습니까?
> ☺ 글쎄요. 당신한테 정말 화가 났어요.
> ☺ 사과드립니다.
> ☺ 사과를 받아들이겠습니다.

(15) You can say that again. - 네 말이 맞아, 정말 그래.

☺ Did you hear that John got a promotion?
    디-쥬   히어 댓 존 갓 어 프로모션?

☺ Yes. He deserved it.
    예스. 히 디저브드 잇.

☺ Right. He is hardworking.
    롸잇.   히 이즈   하드워킹.

☺ You can say that again.
    유 캔 쎄이 댓 어겐.

> ☺ 존이 승진했다는 소식 들었어요?
> ☺ 네. 그는 받을 자격이 있어요.
> ☺ 맞아요. 그는 열심히 일했지요.
> ☺ 당신 말이 맞아요.

(16) You deserved it. - 받을 만합니다.

☺ I got a raise this month.
아이 갓 어 뤠이즈 디스 먼쓰.

☺ Good. You deserve it.
굿. 유 디저브 잇.

☺ How about you?
하우 어바웃 유?

☺ I still have the same salary.
아이 스틸 해브 더 쎄임 쎌러뤼.

☺ Well, good luck to you.
웰, 굿 럭 투 유.

> ☺ 이번 달 봉급이 인상됐어요.
> ☺ 잘됐군요. 당신은 받을 만하죠.
> ☺ 당신은 어때요?
> ☺ 똑같아요.
> ☺ 당신도 잘되기를 바래요.

(17) I have such a short memory. - 생각이 안 납니다. 잊었습니다.

☺ Did you remember the man we met one year ago?
디-쥬 뤼멤버 더 맨 위 멧 원 이어 어고우?

☺ Who?
후?

☺ The man who gave you flowers.
더 맨 후 게이브 유 플라워즈.

☺ I have such a short memory.
아이 해브 써취 어 숏 메모리.

☺ At that time, he was very romantic.
앳 댓 타임, 히 워즈 붸뤼 로맨틱.

☺ I have no memory of him.
아이 해브 노우 메모리 어브 힘.

☺ 일 년 전에 같이 만났었던 그 남자 기억하세요?
☺ 누구 말인가요?
☺ 당신에게 장미꽃을 주었던 남자 말이에요.
☺ 생각이 안 나는데요.
☺ 그때, 그 남자 정말 낭만적이었는데.
☺ 전혀 기억이 안 나는데요.

(18) Are you kidding? - 농담하세요?

☺ You look great in that costume.
유 룩 그뤠잇 인 댓 카스튬.

☺ No kidding. I don't like this style.
노우 키딩. 아이 도운틀-라이크 디스 스타일.

☺ No, you look cute.
노우, 유 룩 큐트.

☺ Are you kidding?
아 유 키딩?

☺ 그 복장을 입으니 당신 정말 멋지군요.
☺ 농담하지 마세요. 난 이 스타일이 마음에 안 들어요.
☺ 아니에요. 귀여워요.
☺ 농담하는 거예요?

(19) Let's boogy. - 재미있는 곳에 갑시다. 춤추러 갑시다.

☺ How about going out tonight?
하우 어바웃 고잉 아웃 투나잇?

☺ Good idea. Let's boogie.
굿 아이디어. 렛츠 부기.

☺ I know a bar with good music.
아이 노우 어 바 위드 굿 뮤직.

☺ Great. Let's go there.
그뤠잇. 렛츠 고우 데어.

> ☺ 오늘 밤 외출하는 게 어때요?
> ☺ 좋은 생각이에요. 재미있는 곳에 갑시다.
> ☺ 좋은 음악이 있는 술집을 알아요.
> ☺ 좋아요. 거기로 갑시다.

(20) Let me see. - 생각 좀 해보구요.

☺ How about going to the mountains this Saturday?
하우 어바웃 고잉 투 더 마운튼즈 디스 쌔러데이?

☺ Let me see.
렛 미 씨이.

☺ Why? Do you have other plans?
와이? 두 유 해브 아더 플랜스?

☺ No. But I have to do research for my paper.
노우. 벗 아이 해브 투 두 뤼써어취 포 마이 페이퍼.

☺ Is it urgent?
이즈 잇 어젼트?

☺ No. But I think I have to prepare for it.
노우. 벗 아이 씽크 아이 해브 투 프뤼페어 포 잇.

☺ Please this is our best chance to enjoy Autumn.
플리즈 디스이즈 아워 베스트 챈스 투 인조이 어텀.

☺ I'll think about it.
아일 씽크 어바웃 잇.

☺ 이번 토요일에 산에 가는 게 어때요?
☺ 생각 좀 해보구요.
☺ 왜요? 다른 계획이 있으세요?
☺ 아니요. 하지만 숙제에 필요한 자료를 조사해야 하거든요.
☺ 그거 급한 거예요?
☺ 아니에요. 하지만 숙제 준비를 해야겠다고 생각했거든요.
☺ 제발이요, 이번이 가을을 만끽하기에 가장 좋은 때라구요.
☺ 생각해 볼게요.

(21) Go ahead. - 먼저 하세요.

☺ Sorry, but I'm in a hurry.
쏘오리, 벗 아임 인 어 허뤼.

☺ Go ahead.
고우 어헤드.

☺ Thank you.
땡-큐.

☺ You're welcome.
유어 웰컴.

☺ 죄송하지만, 제가 급해서 그러는데요.
☺ 먼저 하세요.
☺ 감사합니다.
☺ 천만에요.

(22) Are you lost? - 길을 잃으셨나요?

☺ Excuse me, but I'm lost.
익쓰큐즈 미, 벗 아임 로스트.

☺ **Where do you want to go?**
　　웨어　두　유　원-투　고우?

☺ **I have to go to City Hall.**
　　아이 해브 투 고우 투 씨티　홀.

☺ **Then go straight down this street.**
　　덴　고우 스트뤠이트 다운 디스 스트릿.

> ☺ 실례지만, 길을 잃었습니다.
> ☺ 어디를 찾으세요?
> ☺ 시청에 가야 하는데요.
> ☺ 그러면 이 길을 곧장 따라가세요.

(23) **Where am I? -** 여기가 어디입니까?

☺ **Could you show me the way to the bus terminal?**
　　쿠-쥬　　쇼우　미　더 웨이 투　더　버스　터미널?

☺ **Turn left on that corner.**
　　턴 레프트 온 댓　코어너.

☺ **Where am I?**
　　웨어　앰 아이?

☺ **You are on fifth Avenue.**
　　유　아　온 핍쓰　에버뉴.

☺ **Thanks a lot.**
　　땡쓰　얼-랏.

> ☺ 버스 터미널로 가는 길을 가르쳐 주시겠습니까?
> ☺ 저 모퉁이에서 왼쪽으로 가시면 됩니다.
> ☺ 여기가 어디인가요?
> ☺ 여기는 5번 가입니다.
> ☺ 대단히 고맙습니다.

(24) Help yourself to some bread, please. - 빵 좀 드세요.

☺ Let's have a seat.
렛츠 해브 어 씨잇.

☺ Yes. Thank you for having me.
예스. 땡-큐 포 해빙 미.

☺ Help yourself, please.
헬프 유어쎌프, 플리즈.

☺ It's very delicious.
잇츠 붸뤼 딜리셔스.

☺ Help yourself to some bread, please.
헬프 유어쎌프 투 썸 브뤠드, 플리즈.

☺ Thank you. It's very soft and sweet.
땡-큐. 잇츠 붸뤼 쏘프트 앤드 스위트.

☺ 자리에 앉으실까요?
☺ 네. 초대해 주셔서 감사합니다.
☺ 어서 드십시오.
☺ 정말 맛있습니다.
☺ 빵 좀 드세요.
☺ 네. 빵이 정말 부드럽고 맛있습니다.

---

(25) Have a seat, please. - 자리에 앉으세요.

☺ May I come in?
메이 아이 컴 인?

☺ Go ahead. Have a seat, please.
고우 어헤드. 해브 어 씨잇, 플리즈.

☺ Thank you.
땡-큐.

☺ 들어가도 되나요?
☺ 어서 들어오세요. 자리에 앉으세요.
☺ 감사합니다.

(26) Say cheese. - 웃어 보세요.

☺ Could you take some pictures for us?
쿠-쥬   테익   썸   픽쳐스   포 어스?

☺ With pleasure. Are you ready?
위드   플레줘.   아 유   뤠디?

☺ Yes. Please include that palace.
예스.   플리즈   인클루드   댓   팰리스.

☺ Okay. Say cheese, please.
오우케이.   쎄이   치-즈,   플리즈.

☺ 저희 사진 좀 찍어 주시겠어요.
☺ 기꺼이 그러지요. 준비되었나요?
☺ 네. 저 궁전이 들어가게 찍어 주세요.
☺ 알겠어요. 웃어 보세요.

(27) It's none of your business. - 당신과는 상관없습니다.

☺ What's that?
왓츠   댓?

☺ It's none of your business.
잇츠   난 어브   유어   비즈니쓰.

☺ Hey, please tell me.
헤이,   플리즈   텔   미.

☺ It's my secret.
잇츠 마이   씨크륏.

☺ 그게 뭔가요?
☺ 당신과는 상관없습니다.
☺ 나도 알게 해 주세요.
☺ 제 비밀입니다.

(28) I'm home. - 다녀왔습니다.

☺ Mom, I'm home.
맘, 아임 홈.

☺ How was your day?
하우 워즈 유어 데이?

☺ It was interesting, but I'm a little tired.
잇 워즈 인터뤠스팅, 벗 아임 어 리틀 타이어드.

☺ Do you have lots of homework?
두 유 해브 랏츠 어브 홈워크?

☺ 엄마 다녀왔습니다.
☺ 오늘은 어땠니?
☺ 재미있었어요, 하지만 조금 피곤해요.
☺ 해야 할 숙제는 많니?

(29) Watch out for the car. - 차 조심해.

☺ Hurry up. We're late.
허뤼 업. 위어 레이트.

☺ I know. Let's run to school.
아이 노우. 렛츠 뤈 투 스쿨.

☺ O.K.
오우케이.

Unit 19 가능한 다른 표현들

☺ Oh my god. Watch out for the car.
　　오우 마이　갓.　왓취　아웃　포　더　카.

☺ Thanks. I didn't see it.
　　땡쓰.　아이 디든트　씨이 잇.

☺ Be careful.
　　비　케어풀.

☺ 서둘러 우리 늦었어.
☺ 알아. 우리 학교까지 뛰어가자.
☺ 좋아.
☺ 맙소사. 차 조심해.
☺ 고마워. 그 차를 못 보았어.
☺ 조심해.

(30) That was a close call. - 정말 큰일 날 뻔했구나.

☺ Last night, I was almost run over by a truck.
　　래스트　나잇, 아이 워즈　올모스트　뤈　오버 바이 어　트럭.

☺ Are you all right?
　　아　유　올　롸잇?

☺ Yes. But I don't feel like crossing the road any more.
　　예스.　벗 아이 도운트　필 라이크　크로씽　더　로드 에니　모어.

☺ Be careful. Maybe there is a overpass near by.
　　비　케어풀.　메이비　데어 이즈어　오우버패쓰　니어 바이.

☺ If there is, I'll use it.
　　이프 데어　이즈, 아일 유즈 잇.

☺ 어젯밤 트럭에 치일 뻔했었어.
☺ 괜찮니?
☺ 응. 하지만 그 길을 다시 건너고 싶지 않아.

☺ 조심해. 그리고 아마 근처에 고가도로가 있을 거야.
☺ 그 길로 다닐까 봐.

(31) Watch your tongue. - 말 조심하세요.

☺ He is arrogant.
히 이즈 애로건트.

☺ Why do you think so?
와이 두 유 씽크 쏘우?

☺ He didn't listen to me. He didn't give me a raise as I asked.
히 디든트 리쓴 투 미. 히 디든트 기브 미 어 뤠이즈 애즈 아이 애슥트.

☺ I know, but you didn't do well this month.
아이 노우, 벗 유 디든트 두 웰 디스 먼쓰.

☺ True, but he is kind to everyone except me.
트루, 벗 히 이즈 카인드 투 에브뤼원 엑쎕트 미.

☺ Don't say that. It's your responsibility to do a good job.
도운트 쎄이 댓. 잇츠 유어 뤼스판씨빌리티 투 두 어 굿 잡.

☺ I can't stand him.
아이 캔트 스탠드 힘.

☺ Watch your tongue. He is a good boss.
왓취 유어 텅. 히 이즈어 굿 보쓰.

☺ 그는 너무 오만해요.
☺ 왜 그렇게 생각하세요?
☺ 내 말을 무시해요. 봉급 인상도 안해 주고요.
☺ 알아요, 하지만 이번 달 당신 실적이 안 좋았어요.
☺ 어쨌든, 그는 나만 빼고 모든 사람에게 잘하잖아요.
☺ 그러지 마세요. 당신 책임입니다.
☺ 그를 참 수가 없어요.
☺ 말조심하세요. 그는 좋은 상사예요.

(32) I can't stand him. - 그를 참을 수가 없어요.

☺ He always complains.
히 올웨이즈 컴플레인즈.

☺ I know. This morning he was late and he complained about
아이 노우. 디스 모닝 히스 워즈 레이트 앤드 히 컴플레인드 어바웃
his car.
히즈 카.

☺ Just a mimute ago he shouted at me for my typing
저스트 어 미닛 어고우 히 샤우티드 앳 미 포 마이 타이핑
errors.
에뤄스.

☺ He's too rude.
히즈 투 루드.

☺ I can't stand him anymore.
아이 캔트 스탠드 힘 에니모어.

> ☺ 그는 항상 불평만 해요.
> ☺ 알아요. 오늘 아침에도 지각했는데, 차에 대해 불평만 하더군요.
> ☺ 방금 전에 타이핑을 잘못했다고 내게 소리 지르더군요.
> ☺ 그는 너무 무례해요.
> ☺ 더 이상 참을 수가 없어요.

(33) Forget it. - 잊어버려요. 그만해요.

☺ How could I do that?
하우 쿠드 아이 두 댓?

☺ Forget about it.
포겟 어바웃 잇.

☺ I can't stop thinking about it.
아이 캔트 스탑 씽킹 어바웃 잇.

☺ Please forget it. Why not have a drink instead?
플리즈 포겟 잇. 와이 낫 해브 어 드링크 인스테드?

> ☺ 내가 왜 그런 행동을 했을까?
> ☺ 잊어버리세요.
> ☺ 지금도 그 일의 문제를 파악하지 못하겠어요.
> ☺ 제발 잊어버려요. 대신에, 한잔 하는 게 어때요?

(34) I've got the wrong number. - 전화를 잘못 걸었어요.

☺ Hello, may I speak to Mr. Kim?
헬로우, 메이 아이 스픽 -투 미스터 김?

☺ Mr. Kim? You mean Min-ho Kim?
미스터 김? 유 민 민-호 김?

☺ No. I'd like to talk to Chang-ho Kim.
노우. 아이들-라익투 톡-투 창-호 김.

☺ Sorry, but there is no one here by that name.
쏘오리, 벗 데어 이즈노우 원 히어 바이 댓 네임.

☺ Sorry. I've got the wrong number.
쏘오리. 아이브 갓 더 뤙 넘버.

> ☺ 여보세요? 미스터 김과 통화하고 싶은데요.
> ☺ 미스터 김이요? 김민호 씨 말인가요?
> ☺ 아니에요. 김창호 씨와 통화하고 싶은데요.
> ☺ 죄송하지만 그런 이름을 가진 사람은 없는데요.
> ☺ 죄송합니다. 전화를 잘못 걸었습니다.

(35) Have a bite to eat. - 간단히 먹다.

☺ What time is it?
　　왓　타임 이즈 잇?

☺ It's past 12 o'clock.
　　잇츠 패스트 트웰브 어클락.

☺ I didn't keep track of time.
　　아이 디든트 킵　트렉 어브 타임.

☺ How about lunch?
　　하우　어바웃　런취?

☺ I can't. What about having a quick bite to eat?
　　아이 캔트.　왓　어바웃　해빙 어　퀵　바이트 투　잇?

☺ Okay. I'll order in from the fast-food restaurant.
　　오우케이. 아일 오더　인　프롬　더　패스트 푸드　뤠스토뤈트.

☺ 몇 시인가요?
☺ 12시가 넘었어요.
☺ 시간 가는 줄 몰랐어요.
☺ 점심 먹는 게 어때요?
☺ 그럴 수 없어요. 간단하게 먹는 것은 어때요?
☺ 좋아요. 패스트푸드점에 전화해서 가져다 달라고 할게요.

---

(36) I have to eat and run. - 빨리 먹고 가 보겠습니다.

☺ Why are you in a hurry?
　　와이 아　유　인 어　허뤼?

☺ I have a paper to finish by one o'clock.
　　아이 해브 어　페이퍼　투　피니쉬　바이　원　　어클락.

☺ You are as busy as a bee.
　　유　아　애즈　비지　애즈 어　비이.

☺ Yes. So I have to eat and run.
　　예스. 쏘우 아이 해브 투　잇　앤드　뤈.

☺ 왜 그렇게 급하세요?
☺ 1시까지 끝마쳐야 하는 서류가 있거든요.
☺ 당신은 정말 바쁘군요.
☺ 네. 그래서 빨리 먹고 가 볼게요.

(37) It's a shame. What a shame! What a pity!
창피한 일이에요.

☺ Did you hear that Mr. Kim lost the Smith account?
   디-쥬   히어 댓 미스터 김 로스트 더 스미쓰   어카운트?

☺ No. What happened?
   노우.   왓   해픈드?

☺ He overslept and he was late for the appointment.
   히 오버슬렙트 앤드 히 워즈 레이트 포 디   어포인트먼트.

☺ That's too bad.
   댓츠   투   배드.

☺ Yes, it is. It's a shame.
   예스, 잇 이즈. 잇츠 어   쉐임.

☺ 미스터 김이 스미스 씨와의 거래를 성사시키지 못했다는 것 들었어요?
☺ 아니오. 무슨 일이 있었나요?
☺ 늦잠 자서 약속시간에 늦었대요.
☺ 정말 안됐군요.
☺ 어쨌든 창피한 일이에요.

(38) Here you go. Here you are. - 이거 받으세요. 여기 있습니다.

☺ How much is it?
   하우   머취 이즈 잇?

☺ It's 10,000 won, sir.
　잇츠 텐싸우전드　원, 써.

☺ Please gift-wrap it for me.
　플리즈　기프트-뤱　잇 포　미.

☺ Okay, here you go.
　오우케이, 히어　유 고우.

> ☺ 그거 얼마예요.
> ☺ 손님, 만 원입니다.
> ☺ 선물 포장을 해 주십시오.
> ☺ 여기 있습니다.

(39) It's on me. - 내가 낼게요.

☺ How about having a drink?
　하우　어바웃　해빙　어 드륑크?

☺ I'd like to, but I'm broke.
　아이들-라익 투, 벗　아임　브로우크.

☺ Don't worry. It's on me, please.
　도운트　워뤼.　잇츠 온　미,　플리즈.

☺ Thank you.
　땡-큐.

> ☺ 오늘 밤 한잔 하는 게 어때요?
> ☺ 그러고 싶지만 돈이 없어요.
> ☺ 걱정마세요. 내가 내겠습니다.
> ☺ 고맙습니다.

(40) I can't wait to see it. - 보고 싶어 죽겠어.

☺ Did you see the movie, "JSA"?
디-쥬 씨이 더 무비, "제이에스에이"?

☺ Not yet.
낫 옛.

☺ It was interesting.
잇 워즈 인터뤠스팅.

☺ I'd like to see it, but I have a paper to finish.
아이들-라익 투 씨이 잇, 벗 아이 해브 어 페이퍼 투 피니쉬.

☺ Try to see it soon, or you will miss it.
트라이 투 씨이 잇 쑤운, 오어 유 윌 미쓰 잇.

☺ You're right. I can't wait to see it.
유아 롸잇. 아이 캔트 웨잇 투 씨이 잇.

☺ "공동경비구역"이란 영화 봤어?
☺ 아직 못 봤어.
☺ 잘 된 영화더라.
☺ 보고 싶은데, 숙제가 있어서 그래.
☺ 일단 영화를 봐, 그러지 않으면 못 본 걸 후회할 거야.
☺ 알았어. 정말 보고 싶어 죽겠다.

---

(41) Those things happen. - 그럴 수 있어요. 가능성이 있지요.

☺ He failed the driver's license test.
히 페일드 더 드롸이버스 라이쎈스 테스트.

☺ Those things happens.
도우즈 씽즈 해픈쓰.

☺ But he is always full of hot air.
벗 히 이즈 올웨이즈 푸울 어브 핫 에어.

Unit 19 가능한 다른 표현들 263

☺ Did you hear that even Homer sometimes nods?
　　디-쥬　히어　댓　이븐　호머　썸타임즈　나즈?

> ☺ 그가 운전 면허 시험에서 떨어졌대요.
> ☺ 그럴 수도 있지요.
> ☺ 그러나 항상 잘난 체했었잖아요.
> ☺ 원숭이도 나무에서 떨어질 때가 있다는 소리 못 들어 봤어요?

(42) You have good taste. - 좋은 취향을 지니셨군요.

☺ May I help you?
　　메이 아이 헬프　유?

☺ I'm looking for a scarf?
　　아임　룩킹　포 어 스카프?

☺ How about this red one?
　　하우　어바웃　디스 뤠드　원?

☺ No thanks. Show me that violet one.
　　노우　땡쓰.　쇼우　미　댓　봐이얼릿　원.

☺ You have good taste. This is popular style now.
　　유　해브　굿　테이스트.　디스 이즈　파퓰러　스타일　나우.

☺ I'll take it.
　　아일 테잌 잇.

> ☺ 무엇을 도와 드릴까요?
> ☺ 스카프 하나 사려고 합니다.
> ☺ 이 빨간 스카프는 어때요?
> ☺ 됐습니다. 저 보라색 스카프를 보여 주세요.
> ☺ 좋은 취향을 지니셨군요. 지금 그게 인기가 좋아요.
> ☺ 그걸로 사겠습니다.

(43) I'm locked out. - 문이 잠겼습니다.

☺ Front desk, May I help you?
프런트 데스크, 메이 아이 헬프 유?

☺ I'm locked out.
아임 락트 아웃.

☺ What's your room number?
왓츠 유어 룸 넘버?

☺ 705.
쎄븐오우파이브.

☺ I'll be there right away.
아일 비 데어 롸잇 어웨이.

☺ 프런트 데스크입니다. 무엇을 도와 드릴까요?
☺ 문이 잠겼습니다.
☺ 방 번호가 무엇입니까?
☺ 705호입니다.
☺ 지금 곧 올라가겠습니다.

---

(44) I'm off the hook. - 한숨 돌렸습니다.

☺ Did you finish your moving?
디-쥬 피니쉬 유어 무빙?

☺ Yes. Now I'm off the hook.
예스. 나우 아임 오프 더 후크.

☺ How is your new house?
하우 이즈 유어 뉴 하우스?

☺ I'm satisfied with it. But tonight I have to clean it.
아임 쌔티스파이드 위드 잇. 벗 투나잇 아이 해브 투 클린 잇.

☺ Don't work to hard.
도운트 웤 투 하드.

☺ 이사하는 것 끝냈습니까?
☺ 네. 이제 한숨 돌렸습니다.
☺ 새 집은 어때요?
☺ 만족합니다. 하지만 오늘 밤에 청소해야 합니다.
☺ 서두르지 마세요.

(45) I'm running out of time. - 시간이 없는데요.

☺ Driver, please speed up a little.
드라이버, 플리즈 스피드 업 어 리틀.

☺ I am trying my best.
아이 앰 트라잉 마이 베스트.

☺ I'm running out of time. I can't miss the plane.
아임 뤄닝 아웃 어브 타임. 아이 캔트 미쓰 더 플레인.

☺ The traffic is heavy because of the soccer game.
더 트래픽 이즈 헤뷔 비코우즈 어브 더 싸커 게임.

☺ 아저씨, 조금 더 빨리 가 주세요.
☺ 최선을 다하고 있습니다.
☺ 시간이 없어요. 그 비행기를 놓치면 안 되거든요.
☺ 축구 경기 때문에 차가 밀립니다.

(46) Pay the price. - 대가를 치르다. 희생을 치르다.

☺ I'm so sorry. I'm late.
아임 쏘우 쏘오리. 아임 레이트.

☺ This is the third time of this month.
디스 이즈 더 써드 타임 어브 디스 먼쓰.

☺ I can't get up in the morning.
아이 캔트 겟 업 인 더 모닝.

☺ That is because you drink every night.
댓 이즈 비코우즈 유 드륑크 에브리 나잇.

☺ That is my business.
댓 이즈 마이 비즈니쓰.

☺ Maybe so, but you have to pay the price.
메이비 쏘우, 벗 유 해브 투 페이 더 프롸이스.

☺ 정말 죄송합니다. 지각했습니다.
☺ 이번 달에 세 번째 지각입니다.
☺ 아침에 일어나기가 힘들어서 그렇습니다.
☺ 그런 말 하지 마세요. 매일 밤 술 마신다는 것 알아요.
☺ 하지만 그게 제 일인 걸 어떻게 합니까?
☺ 어쨌든, 그 대가는 치러야 할 겁니다.

---

(47) Behind the wheel. - 운전하는 중이다.

☺ Where are you?
웨어 아 유?

☺ I'm in my car.
아임 인 마이 카.

☺ Are you behind the wheel now?
아 유 비하인드 더 휠 나우?

☺ Yes. What's up?
예스. 왓츠 업?

☺ Please hang up. I'll call you again later.
플리즈 행 업. 아일 콜 유 어겐 레이터.

☺ 어디에 있어요?
☺ 차 안에 있습니다.
☺ 그럼 지금 운전하는 중이에요?
☺ 그런데요. 무슨 일인가요?
☺ 전화 끊으세요. 나중에 전화할게요.

(48) Doesn't surprise me. - 놀랄 일도 아니에요.

☺ Did you hear about Mr. Kim's marriage?
　디-쥬　히어　어바웃 미스터　김스　매리쥐?

☺ No. With whom did he marry?
　노우.　위드　훔　디드 히　매리?

☺ Miss Han in the accounting department.
　미쓰　한 인 디　어카운팅　디파트먼트.

☺ It doesn't surprise me.
　잇　더즌트　써프라이즈　미.

☺ How did you find out?
　하우　디-쥬　파인 아웃?

☺ He said it when he was drunk.
　히　쎄드 잇　웬　히　워즈　드렁크.

☺ 미스터 김이 결혼한다는 이야기 들었어요?
☺ 아니오. 누구와 결혼한다고 하던가요?
☺ 경리부에 있는 미스 한과 한다고 합니다.
☺ 놀랄 일도 아니에요.
☺ 어떻게 알았어요?
☺ 그가 술 취해서 말한 적이 있어요.

(49) It's a bargain. - 싼 겁니다.

☺ How much is that?
　　하우　머취 이즈 댓?

☺ It's 50,000 won, sir.
　　잇츠 핍티싸우전드 원,　써.

☺ It's too expensive.
　　잇츠 투　익쓰펜씨브.

☺ No. It's a bargain. The fixed price is 70,000 won.
　　노우. 잇츠 어　바아겐.　더 픽스트 프라이스 이즈 쎄븐티싸우전드 원.

☺ Could you give me more of a discount?
　　쿠-쥬　기브 미　모어 어브 어 디스카운트?

☺ 저거 얼마인가요?
☺ 5만 원입니다.
☺ 너무 비싸요.
☺ 아니에요. 싼 겁니다. 원래 가격은 7만 원입니다.
☺ 그래도 조금 더 할인해 줄 수 있으세요?

---

(50) Don't make excuse. - 변명하지 마세요.

☺ Why are you late this morning?
　　와이 아　유 레이트 디스　모닝?

☺ I had a flat tire.
　　아이 해드 어 플랫 타이어.

☺ Really? You told the same story yesterday.
　　뤼얼리? 유 톨드 더　쎄임　스토리　예스터데이.

☺ Yes. Maybe I need a new set of tires.
　　예스. 메이비 아이 니드 어　뉴　셋 어브 타이어즈.

☺ I don't believe it. Don't make excuse.
　　아이 도운트 빌리브 잇. 도운트　메이크 익쓰큐즈.

☺ 오늘 아침에 왜 지각했나요?
☺ 타이어가 펑크가 났어요.
☺ 정말인가요? 어제도 같은 이야기를 했었잖아요.
☺ 그렇습니다. 아마 타이어를 모두 갈아야 할까 봅니다.
☺ 믿을 수 없어요. 변명하지 마세요.

(51) This is your bridal shower. - 축의금입니다.

☺ Congratulations! At last you will marry him.
　컨그뤠춰레이션스!　앳 래스트 유　월　매리　힘.

☺ Thanks. Your turn is next.
　땡쓰.　유어　턴 이즈 넥스트.

☺ I hope so. But this is your bridal shower.
　아이 홉 쏘우. 벗 디스 이즈 유어 브롸이들 샤워.

☺ Thanks again. I'll invite you to dinner after our honeymoon.
　땡쓰　어겐. 아일 인봐이트 유 투 디너 애프터
　아워　허니문.

☺ 축하합니다! 드디어 그와 결혼하는군요.
☺ 고마워요. 다음은 당신이 결혼할 차례입니다.
☺ 그러길 바래요. 이건 축의금입니다.
☺ 다시 한 번 고마워요. 신혼여행 후에 저녁을 대접할게요.

창이와 함께
영어 회화 배우기
Learning English with Changi

2000년 12월 2일 인쇄
2000년 12월 8일 발행

글쓴이 : 박 선 화
감수 : Christopher B. Rager
펴낸이 : 조 명 숙
펴낸곳 : 도서출판 맑은창

등록일자 : 2000년 1월 17일
등록번호 : 제 16-2083호

서울특별시 강남구 역삼동 810-16
전화 : (02) 555-9512
팩스 : (02) 553-9512

값 7,000원

※ 잘못된 책은 바꾸어 드립니다.
ISBN 89-86607-09-03740